'외우는 수학, 포기하는 학생'을 위한
소통과 배움의 수학교실 만들기

# 지금 가르치는 게 수학 맞습니까?

최수일 지음

비아북
ViaBook Publisher

# 교과서와 수업의 혁신만이
# '수포자'를 해결합니다

2016년 1월 스위스 다보스포럼은 디지털 혁명과 과학기술의 융합으로 만들어질 혁명적인 변화를 '4차 산업혁명'이라 정의했습니다. 바야흐로 인공지능, 사물인터넷, 빅데이터 등이 기존 물리적 세계와 결합하여 새로운 혁신을 창출하는 시대이고, 이들은 수학적 사고력에 기반을 두고 있습니다. 여기서 말하는 수학적 사고력이란 정답이 존재하고 모든 조건이 주어진 문제를 푸는 능력보다는 문제를 발견하고 창의적으로 다양한 해결책을 구상하고 가장 최적화된 해결책을 찾아낼 수 있는 능력을 말합니다.

이렇듯 수학교육의 중요성은 날로 커지는데 현재의 상황은 어떤가요?

우리의 수학은 수학적 사고력과는 별개로 '외우는 수학'으로 전락했고, 입시 점수를 따기 위한 사교육의 온상이 되고 있습니다. 이런 문제점은 여러 국제 비교 평가를 통하여 적나라하게 밝혀지고 있습니다. 인지적 영역의 시험 점수만 높고 정의적 영역에서는 심각한 문제점을 드러내는 한국 교육에 대한 우려가 연일 이어집니다. 한국의 교육은 결코 정상적이지 않습니다. 이 책은 수학 과목을 중심으로, 정상화의 길이 요원한 한국 공교육에 대안을 제시하려 쓴 것입니다.

사교육 문제가 심각한 것도 공교육의 부실에 기인합니다. 문제를 해결하려면 공교육을 정상화해야 합니다. 교육의 핵심은 학교에서 매일 예닐곱 시간씩 이루어지는 수업입니다. 학생들은 학교에서 가장 많은 시간을 수업으로 보냅니다. 수업이 성공적이지 못하고서는 교육이 제대로 될 수 없습니다. 그래서 이 책은 학교의 교실수업을 정상화하는 데 초점을 맞추고 있습니다.

제1부에서는 수학을 무엇으로 가르칠 것인가에 대한 측면에서 교육과정과 교과서의 대안을 제시하였습니다. 역사교과서 국정화에 따른 수학교과서 검정제로의 회귀가 낳은 문제점을 중심으로 여섯 가지 대안을 제시하여 새로운 교과서의 필요성을 살펴보았습니다.

제2부에서는 교과서의 대안에 걸맞은 수업 방법론을 제기했습니다. 자기주도적 발견을 위한 대안 교과서로 전통적인 일방적 주입식 수업을 한다면 대안 교과서의 효과는 반감될 것입니다. 배움의 공동체나 거꾸로 교실 등 최근 학교에 불고 있는 수업의 변화를 정리하고 다양한 수업 혁신 방법을 소개하였으며 수업에서 교사의 역할이 가장 중요함을 강조하였습니다. 특히 수업을 혁신하고자 하는 교사에게 도움이 될 것입니다.

제3부에서는 학생이 수학을 학습하는 구체적인 방법을 제시했습니다. 교사가 훌륭한 교과서를 갖추고 그에 맞는 수업을 준비했다 하더라도 학생을 이해하지 못하면 그 수업은 성공적일 수 없습니다. 또 수학을 포기하려는 학생이 꼭 읽었으면 하는 부분입니다.


학교 수업은 교과서와 교사, 그리고 학생의 3요소가 완벽한 조건을 갖추었을 때 최고의 효과를 냅니다. 매일 흘러가는 수학 수업의 결과는 학생들에게 나타나야 합니다. 수학교육의 목표는 학생의 변화된 모습입니다. 이를 위해서는 변화된 모습이 잘 나타날 수 있는 교과서와 교사의 수업이 필요합니다. 그리고 자기주도적 발견을 하려는 학생들의 적극적 태도가 지식에 대한 소유권을 확보해 줄 것입니다.

거기에 발맞춰 학부모로서 이런 교육 변화의 흐름을 이해하고 학생의 수학 학습법을 이해하기 위해 이 책을 읽어 보는 것이 도움이 될 것입니

다. 대안적인 교과서와 혁신적인 수업에 따른 공교육 수업에 기대감을
갖게 될 것이고, 자녀가 타인에게 의존하기보다 자기주도적 학습 태도
를 기를 수 있도록 가정에서 지도할 필요가 있다는 데 동의하고 실천하
게 될 것입니다. 모쪼록 이 책에서 주장하는 교과서와 수업의 혁신을 통
해 사회문제화되어 가는 '수포자' 문제가 조금이나마 해결된다면 필자로
서 큰 보람이 될 것입니다.

2017년 2월
최수일

# Contents

# 제2부 수학, 어떻게 가르칠 것인가?

# 수학교사 A에게 보내는 편지

A 선생님, 안녕하세요.

전국수학교사모임 MF(Math Festival)에서 처음 만나 인연을 맺고 지낸 세월이 10년을 훌쩍 넘었네요. 초임 교사의 열정으로 강의 하나라도 놓치지 않으려고 애쓰던 모습, 뒤풀이 때 수학교사로서의 고충과 어려움을 토로하며 제게 많은 질문을 쏟아내던 모습이 아직도 잊히지 않습니다. 그 당시 선생님의 질문에 시원한 답변을 드리지 못한 것이 10년이 지난 지금 이 책을 쓰게 된 계기가 되었습니다. 그때의 기억을 되살리며 제 경험을 선생님에게 들려 드리려 합니다.

저는 1984년 교직에 발을 들여놓았고, 수학교육자로서 만 33년을 보냈습니다. 되돌아보니 저는 10년을 주기로 변해 왔습니다. 초임 교사 시절부터 1994년 전국수학교사모임 활동 이전까지 수업 자료와 정보 공유를 위해 이리저리 뛰던 10년이 있었고, 문제의식이 있는 교사들과의 연대를 통해 여러 시도를 했지만 수학교사로서의 정체성에 혼란을 느껴 2004년 박사과정에 들어가기까지가 또 10년이었지요. 3년 동안의 박사과정을 마친 후 복직해서 또 10년이 흘렀습니다.

초임 교사 시절에는 멋있는 수업을 하기 위해 애를 썼습니다. 모든 수업이 다 그러기는 하지만 수학 수업도 도입 부분에서 승부가 갈립니다. 처음 던지는 과제가 중요하지요. 초임 교사 시절에는 멋진 도입을 하고 싶었습니다. 그날 배우는 주제에 얽힌 수학사나 매력적인 이야기 등으로 학생에게 호기심과 동기를 유발하고 싶었지요. 그래서 수학사를 공부했고, 흥미로운 수학 이야기를 소개한 책을 읽었습니다. 지금보다 이런 책들이 부족한 시기였지만 시중에서 구할 수 있는 책들을 구해 탐닉하고 거기서 수업에 쓸 정보를 얻었습니다. 교내 선배 교사에게도 도움을 구했지만 '교내'라는 한계를 벗어나기는 어려웠습니다.

초임 교사가 갑자기 학생들과 교실에서 맞닥뜨리는 고립적인 상황에서 발생하는 모든 일을 혼자 책임지고 처리하기에는 경험과 능력이 부족한 게 사실입니다. 특히 수업에 관해서는 선배 교사라고 해서 썩 자신 있는 경우가 많지 않으며, 교직 문화가 행정 중심, 결과 중심이기 때문에 수업에 대한 논의 자체가 거의 없는 개인적인 분위기였지요.

고등학교에서는 대입 문제 풀이가 걸림돌이었습니다. 수학사나 수학 이야기 등은 한가로울 때나 하는 것이었습니다. 당장 학력고사나 수능,

그리고 대입 본고사나 수리 논술 기출 문제를 들고 나타나는 학생을 상대하고, 또 그런 시험 점수로 입시를 치러야 하는 학생에게 당장 도움이 될 수 있는 공부를 해야 했습니다. 저도 고등학교에 가서 꼬박 3년을 문제 풀이 속에서 지냈고, 그 이후에도 간간이 문제 푸는 일은 계속되었습니다. 입시 탓이었지요.

이 시기 가장 큰 고민은, 내 공부는 어떻게든 해낼 수 있지만 수학을 힘들어하는 학생, 수학을 외면하는 학생에 대해서는 인간적인 만남 이상의 의미를 둔 해결책을 강구하지 못한 것이었습니다. 날마다 문제와 씨름하다 보니 내가 교사인지 강사인지 구분하기 모호할 정도였고, 수학 성적이 나쁜 학생을 머리가 나쁘거나 공부를 안 하는 게으른 학생으로 생각하기도 했지요. 그러나 마음 한편으로는 이들을 어떻게 하지 못하는 것에 대해 자책감이 들기도 했답니다. 학생의 학습보다 가르치는 것을 우선시하는 잘못된 수학교육 정책이 수많은 아이를 죄인으로 몰고 갔습니다.

이후에도 배움 중심 수업에 대한 갈망과 교육과정의 문제점, 문제 풀이 위주의 입시와 시험에서는 좀처럼 벗어날 수 없었습니다. 개인적인 능력의 한계에 부딪혀 고민하던 차에 지금의 전국수학교사모임을 만들었습니다. 초기에는 몇몇 선후배 사이의 동호회에 불과했지만 4~5년의 준비 기간을 거치며 동호회가 아닌 교사 모임의 면모를 갖추게 되었습니다. 그리고 연수와 나눔 성격의 행사인 수학교사들의 축제 MF를 통해 전국적으로 확장되었지요. 이들의 최대 고민 역시 수업에 대한 것이었습니다. 하지만 MF의 실제 행사는 정보 공유와 수학적 지식 확장에 초점이 맞춰졌습니다. 정보라는 것도 학생의 심리나 수학 학습보다는 교수자의 입장에서 멋진 수업 방법이나 수업 자료를 공유하는 것에 집중되었고요.

수학적 지식이 확장되고 멋진 수업 방법이나 교수법을 어느 정도 섭렵해도 번번이 벽에 부딪히는 문제는 애당초 교육과정과 교과서가 가지고 있는 문제 때문이었습니다. 창의적이고 논리적인 사고력을 키울 수 없는 교육과정 구성에 지식 중심의 일방적 주입식 설명 방식을 택하고 있는 교과서 기술 방식을 근본적으로 바꾸지 않고서는 교사의 개인적인 노력의 한계를 극복할 수 없다는 것을 깨닫고 교육과정에 대해 관심을 갖기 시작했습니다.

교육과정 개정에 대한 간절한 열망을 이루기 위해 제6차 교육과정 개정부터 교육과정 심의 및 개발 업무에 참여했습니다. 이어서 제7차 교육과정과 2007 개정 교육과정 등 총 세 번에 걸친 개정 작업에 참여했지만 얻은 것은 현장 교사로서의 초라함뿐이었습니다. 대학교수를 중심으로 하는 교육과정 연구진에서 현장 교사는 구색 맞추기에 불과했습니다. 회의 때마다 피를 토하듯 학생의 배움을 중심으로 하는 교육과정의 개정에 대해 주장했지만 이는 회의록에 기록되기만 할 뿐 연구 책임자의 보고서에는 거의 반영되지 않았습니다.

대학교수들은 학생의 학습보다 수학 자체를 더 중요시하는 경향이 있고, 수학 내에서 각자의 전공 내용이 더 많이 다뤄지기를 원했습니다. 그래서 교육과정 개정 논의에서 학생이 꼭 학습해야 할 수학적 능력이나 사고보다는 자기 전공 분야를 가르치기 위한 토론이 이뤄졌습니다.

논리적 사고력보다는 수학적 지식 중심의 논의가 주를 이루다 보니 교육과정이 바뀌어도 이리저리 학년만 바뀌고, 뭔가 의미 있는 삭제가 이루어져도 언젠가는 반드시 부활하고 마는 현상이 반복되었습니다. 제7차 교육과정에서 정말 의미 있게 바뀌었다고 생각한 문과생에 대한 미적분 삭제가 2007 개정 교육과정에서 다시 부활하는 것을 보고 절망했습니다. 왜 행렬은 다시 들어오지 않는지, 이산수학이라는 과목은 왜 생겼다가 사라지는지, 수학과 내에서도 전공 이기주의를 보는 것 같아 씁쓸한 마음을 금할 길 없었습니다. 선진국에서도 이산수학을 강화하는 것이 21세기의 경향인데, 왜 우리나라에는 이게 먼 나라 이야기일 뿐인지는 아직도 풀리지 않는 의문입니다. 이산수학을 무시하는 나라가 갑자기 코딩교육을 필수화한다는 데는 놀라지 않을 수 없습니다. 월 가를 점령한 수학자의 소식을 들을 때 왜 우리나라 수학자들은 이런 소식을 들려주지 못하는지 궁금했습니다.

교직 경력 20년 차이던 2004년에 저는 큰 고민에 빠졌습니다. 머릿속은 수학으로 가득 차 있었지만, 학생에 대한 이해, 수업 진행에 대한 만족도는 갈수록 떨어져 갔습니다. 상위권, 공부 잘하는 영재 학생은 교사가 교수법에 큰 신경을 쓰지 않아도 되는 줄 알았는데, 이들마저도 수학 학습을 어려워하고 개념 이해 정도가 기대 이하인 것을 발견할수록 수학교육의 본질에 대한 고민은 깊어만 갔습니다. 학생을 점수로만 볼 때는 상위권 학생으로 만족하려 했지만 그들을 본질적으로 바라보는 순간 내가 가르치고자 했던 수학이 그들에게는 없었습니다. 점수와 등급만이 존재할 뿐이었죠. 수학교사로서의 정체성에 혼란이 오기 시작했습니다. 결정적인 순간은 고등학교 1학년 때부터 수학 수업 시간에 발표와 설명을 아주 잘해 장차 '수학 인강 강사'가 될 거라고 모든 학생이 예언한 제자가 교대에 진학해서 인사를 왔을 때입니다. 저는 그 학생이 수학교육과를 1지망으로 선택했을 것이라 기대했습니다. 돌아온 대답은 저를 극한 혼란으로 몰고 갔습니다. "저, 수학 싫어해요! 3지망까지 수학교육과는 쓰지 않았어요." 워낙 수학을 잘하고 설명도 잘하던 학생이었기에 수학교사가 되면 좋겠다고 내심 기대했는데 그 학생마저 수학을 싫어했다니, 순간 할 말을 잊었습니다. '내가 이런 소리 들으려고 수학교사가 되었나?'

'내가 지금 가르치는 게 수학인가?' 하는 의구심이 들 정도로 수학교사로서의 정체성마저 흔들렸습니다. 수학 공부를 잘하는 학생이 꼭 수학을 좋아한다거나 수학 실력이 출중하지만은 않은 현실입니다. 수학교사로서 수학적으로 훌륭한 학생이 아닌, 문제 푸는 법을 줄줄 외워서 높은 점수를 받는 학생을 최고로 인정해 줘야 하는 아이러니를 겪고 있습니다. 학생들이 수학을 중요한 과목이라고 여기는 것이 수학 자체에 대한 관심보다는 수학 점수가 갖는 영향력 때문이고, 수학은 모두가 기피하는 과목이 되어 가는 현실에 자괴감은 갈수록 커졌습니다.

답답한 마음을 안고 2004년부터 학교를 떠나 풀타임으로 수학교육 문제를 해결해 보고자 대학원에 갔습니다. 3년 동안의 휴직은 가정에 경제적인 어려움을 주었지만 저에게는 수학교사로서의 정체성을 회복한 귀중한 시간이었습니다. 3년간 정신없이 쫓아다니며 수업을 관찰한 결과, 새로운 빛줄기가 보였습니다. 그래서 2006년 전국수학교사모임에 '교실관찰팀'이라는 교사학습공동체를 만들고 수업을 관찰하는 일과 분석하는 일, 그리고 혁신학교 수업 컨설팅을 시작했습니다.

3년의 휴직 기간 동안 매주 한 학급의 수업을 지속적으로 관찰하고 분석하는 작업을 통해서 교사가 아닌 학생을 이해하기 시작했고, 특히 학생의 학습 과정을 이해하고 학습법을 확실히 정립할 수 있었습니다. 이른바 학생의 배움 중심 수업의 의미를 깨달은 것입니다. 학습자가 스스로 수학 지식을 구성하는 것을 믿고 학생이 자기주도적으로 수학 개념을 발견할 수 있도록 안내하는 구성주의 교육철학에 입각한 교육만이 수학교육의 산적한 문제를 해결해 줄 수 있을 것이라는 확신이 섰습니다. 다양한 독서를 통해 우리나라 수학교육에 구성주의 교육철학이 절실함을 느꼈습니다.

국내의 수학교육에서는 구성주의 교육철학을 찾기가 어려워 해외의 석학을 찾아다니기도 했습니다. 비록 돌아가셨지만 현실주의 수학교육(RME, Realistic Mathematics Education)의 창시자인 프로이덴탈 교수의 가르침을 받기 위해 네덜란드 위트레흐트대 내에 있는 프로이덴탈 연구소를 세 번이나 방문했고, 배움의 공동체를 만든 사토마나부 교수를 만나기 위해 일본에도 갔습니다. 또한 2004년에는 덴마크 코펜하겐, 2008년에 멕시코 몬테레이, 2012년 서울, 2016년 독일의 함부르크 등 4년마다 열리는 국제수학교육자대회(ICME)에도 참여하였습니다.

결론적으로, 우리나라 수학교육의 문제는 교실수업에 기인하고 있었습니다. 저는 현재 우리나라 수학교육 문제의 원인을 수업에서 찾고 수업을 정상화시키는 일이 수능 등 입시 제도를 변화시키는 것보다 우선이라고 생각합니다. 학생의 배움 중심 수업을 통해서 얼마든지 현재의 입시를 치러 낼 수 있고 대비할 수 있습니다. 입시 제도가 변해야 주입식 수업을 바꾸겠다는 고집은 수업을 바꿀 의지나 능력이 없는 데서 기인합니다. 그리고 수업을 바꿔야 한다는 철학의 부재 탓입니다.

10년 이상 수학을 비롯한 영어, 국어, 사회, 과학, 음악, 미술, 체육 등 여러 과목의 수많은 수업을 컨설팅하면서 느낀 가장 큰 문제점은 한국 교사의 구성주의 교육철학의 부재였습니다. 교수법 등 기술적인 문제도 있지만 모든 것은 교육철학과 교사로서의 정체성 부족에서 오는 문제였지요.

구성주의 교육철학으로 완벽하게 무장하고 있어도 수업이라는 것이 워낙 역동적이고 즉흥적인 탓에 순간순간 교사가 연출해야 하는 애드리브에는 실수가 일어납니다. 그 실수가 학생에게 혼동을 주고 자기주도적 이해를 방해하기 때문에 이 실수를 줄이는 것이 급선무입니다. 실수를 줄이는 최고의 비결은 철학적 무장을 더욱 굳건하게 하는 것입니다.

학교에 근무하는 동안 시간을 쪼개 다른 학교에 다니면서 수업 변화에 대해 역설하고 컨설팅을 했지만, 저 역시 당장 수업을 해야 하는 현직 교사였기 때문에 시간적, 물리적 한계가 있었습니다. 그래서 교사의 수업을 혁신하는 일에 전념하기 위해 학교를 퇴직했습니다. 그리고 수학교육연구소를 세우고 컨설턴트로, 연구자로 다시 학교를 출입하였습니다.

아울러 학부나 교육대학원의 수학교육 강의를 통해 예비 교사를 양성하는 과정에도 참여하게 되었습니다. 지난 6년간의 예비 교사 양성 강의는 저에게 교수법 실험 기회를 제공해 주었죠. 중·고등학교가 아닌 대학교의 자유로운 수업 시스템에서 그룹 활동, 침묵으로 가르치기, 무지한 스승 등 교직 생활에서 미처 다하지 못한 다양한 교수법 실험을 맘껏할 수 있었습니다.

한편 퇴직 후부터 시작한 교육시민단체 사교육걱정없는세상에서의 봉사는 한국의 교육 문제를 학교 밖에서 보다 다각적으로 바라볼 수 있는 기회가 되었으며, 특히 제가 교직에서 경험하지 못한 유치원, 초등학생으로 교육적 관심을 넓히는 계기가 되었습니다. 그리고 수학 공부의 필요성과 유용성을 제대로 심어 주지 못하고, 수학 공부가 주는 상처에 대한 부담마저 학생에게 돌린 채 본인은 아무 잘못이 없는 것처럼 책임감을 느끼지 못하고 있는 수학(교육)계의 관행을 바로 잡아야 한다는 생각에 국책연구기관이 수행해야 할 국가 수준의 교육과정과 교과서에 대한 연구를 실행에 옮기기도 했습니다.

그리고 시민들의 후원에 힘입어 사교육걱정없는세상에서 2013년부터 미국, 일본, 싱가포르, 영국, 독일, 핀란드 등의 최신 교육과정에 대한 연구를 시작했고 2015년에 6개국 교육과정 국제 비교 콘퍼런스를 개최하기도 했습니다. 그 결과물을 토대로 2016년부터는 5년 계획으로 중학교 수학 대안 교과서 제작 프로젝트를 진행 중에 있습니다.

초임 교사였던 A 선생님이 10여 년 전 제게 따지듯 던진 질문에 그 당시 속 시원히 답변하지 못한 것이 못내 가슴에 남았습니다. 그동안 저는 이런 문제의식들을 바탕으로 현실적인 대안을 제시하고자 열심히 연구와 실험을 계속해 왔습니다. 이제 이 책을 통해 '소통과 배움'이 있는 수학교실을 만들기 위한 수업론을 제안하고자 합니다. A 선생님이 가졌던 고민과 갈등에 대한 정답은 아닐지라도 해결의 실마리는 제공해 줄 수 있을 겁니다. 나아가 외우기만 하는 수학, 포기하는 학생들에게 조금이나마 혁신과 변화의 바람을 일으켰으면 좋겠습니다. 일독해 주시고 질책을 아끼지 않으셨으면 합니다.

제1부

# 수학, 무엇으로 가르칠 것인가?

::

# 01 | 수학교과서, 이대로 괜찮은가?

## 1. 수학교육, 패러다임 변화가 필요하다

우리나라 수학교육은 지금 부재중不在中입니다. 사망신고를 해야 할 지경이지요. 이유와 과정 등이 어떻든 교육의 결과, 학습자가 수학을 최악의 학문으로 인식하게 된 데는 변명의 여지가 없습니다. 대표적 국제 교육 비교 평가인 국제학업성취도평가(PISA)와 수학·과학 성취도 추이 변화 국제비교연구(TIMSS)의 2015년 결과를 보면, 우리나라 학생의 수학에 대한 정의적 영역의 성취도는 여전히 아주 낮습니다. 12년간 수학교육을 받은 우리나라 성인 대부분은 수학이 별로 중요하지 않다거나 불필요한 학문이라고 생각하고요. 수학교육을 받은 결과 수학의 의미와 존재 가치를 이해하고 수학교육에서 함양하고자 하는 논리적이고 창의적인 사고력 대신 두려움과 공포감을 갖게 된 것입니다. 기껏해야 수학계 및 수학을 사용하는 이공계 일부의 긍정적 의견에서 수학교육의 정당성을 찾기에는 어려움이 있습니다.

이른바 세계는 제4차 산업혁명을 부르짖습니다. 이는 기업이 제조업과 정보통신기술ICT을 융합해 작업 경쟁력을 제고하는 차세대 산업혁명입니다. 앨빈 토플러의 지적처럼 한국은 사회적 변화 없이 과학기술 혁명의 이익을 충분히 누릴 수 없습니다. 교육체계와 공공 부문 등 전 영역에서 사회적 혁신이 뒷받침되어야 합니다.

교육 분야에서도 패러다임의 변화가 요구됩니다. 새로운 패러다임은 교수자 위주의 전통적인 수업에서 학습자의 배움 중심, 협력과 배려, 토의와 토론 등으로 학습의 초점을 옮길 것을 요구합니다. PISA에서도 2015년 협업 문제를 출제한 바 있고, 약 15년간 우리나라 혁신학교 수업을 주도해 오고 있는 '배움의 공동체'와 최근 2~3년 내 확산된 '거꾸로 교실' 등도 학교교육에서 변화를 이끄는 큰 움직임입니다.

수학교육에도 전반적인 변화가 필요합니다. 그리고 이를 위해서는 콘텐츠 개발이 시급합니다. 지금 수학교과서의 내용과 형식은 시대의 변화를 받아내지 못합니다. 학습자의 배움 중심, 협력과 배려, 토의와 의사소통이 가능한 교과서가 아닙니다.

우리나라 수학교과서에는 학습자의 배움을 중심으로 하는 구성주의 교육철학이 아니라 교수자의 가르침이 중심인 행동주의 교육철학의 교과서 구성 방식이 그대로 남아 있습니다. 호기심과 동기를 자극하여 사고하게 돕기보다 제시된 수학 개념을 암기한 후 이를 발판 삼아 다음 단계 개념으로 넘어가는 형식이지요.

다음 단계로 넘어가기 위해서는 오늘 배운 것을 오늘 다 소화해야 합니다. 그러지 않으면 진도를 더 나갈 수 없습니다. 수학 학습의 계열성은 수학을 포기하게 되는 가장 큰 이유가 됩니다. 중간에 낙오되면 학습에 진입하기 위해 한참 전으로 돌아가야 하기 때문에 따라잡으려는 시도보다 대부분 포기를 택하지요.

그런데 왜 학습자의 배움 중심으로 구성된 교과서는 없을까요? 여러 가지 이유가 있겠지만 현재 교과서를 집필하는 사람의 성향이 그중 하나입니다. 집필진은 대학교수와 현직 교사가 절반 정도씩 균형을 이룬 상태로 구성되는데, 전반적으로 콘텐츠 구성에 대한 권한은 대학교수에게 몰려 있습니다. 대학교수는 중·고등학생을 직접 가르친 경험이 거의 없고, 있다 해도 그게 학습자의 배움을 중심에 두는 최근 경험은 아니기 때문에 대학교수에게 배움 중심 콘텐츠에 대한 생각은 많지가 않습니다. 현직 교사 역시 학습자의 배움 중심 수업을 해본 경험이 많지 않기 때문에 전통적인 교과서 형식을 파괴하는 새로운 교과서가 나오기는 어려운 환경이지요.

이런 문제점은 오래 전부터 노출되어 왔지만 교과서는 줄곧 행동주의 교육철학을 벗어나지 못했습니다. 그래서 교사가 학습자 배움 중심의 수업을 진행하려면 교과서를 재구성하는 어려움을 스스로 헤쳐 나가야만 했지요.

## 2. 교과서 제도의 후퇴

2015 개정 교육과정에 따른 중등학교 수학교과서에 다시 검정제가 적용
되었습니다. 자유발행제의 길목에 있던 인정제를 유지는 못할망정 국가
의 강한 통제력 아래 자리하는 검정제를 시행한 것은 제도적 후퇴이자
역사교과서 국정화라는 기조를 위한 희생이었다고 해석하는 것이 타당
하겠지요.

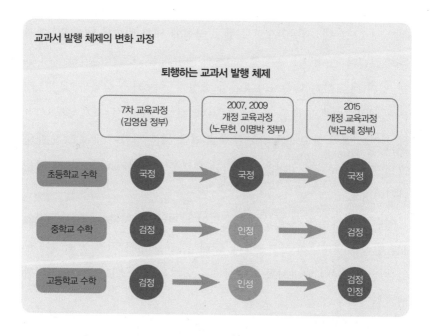

검정제에서는 부록을 포함한 교과서 분량을 책별 250쪽으로 제한하고
10퍼센트 범위 내에서 증감할 수 있습니다. 별도의 '정답 및 해설'은 250

쪽의 15퍼센트 이내로 개발한다는 규정에 따릅니다. 이렇게 하면 새 교과서의 부록을 포함한 본문은 최대 275쪽이 됩니다. 하지만 이는 현실성이 낮은 규정이지요.

현재 사용하고 있는 중학교 1학년 인정제 교과서 다섯 권의 쪽수를 조사했더니 다음과 같이 평균 338쪽이었습니다.

**2009 개정 교육과정에 따른 수학교과서 쪽수 조사**

| 출판사 | 본문(쪽수) | 부록(쪽수) | 본문+부록(쪽수) | 정답 및 해설(쪽수) |
|--------|-----------|-----------|----------------|-------------------|
| A | 312 | 21 | 333 | 23 |
| B | 315 | 12 | 327 | 22 |
| C | 274 | 66 | 340 | 30 |
| D | 349 | 8 | 357 | 32 |
| E | 318 | 14 | 332 | 36 |
| 평균 | 313.60 | 24.20 | 337.80 | 28.60 |

그렇다면 새 교과서는 지금보다 무려 88쪽(최소 63쪽)이 줄어야 합니다. 그런데 교육부 편찬 기준을 보면 새 교과서에는 다음 사항을 추가로 적용해야 하지요.

- 수학 교과 역량(문제 해결, 추론, 창의 · 융합, 의사소통, 정보 처리, 태도 및 실천)을 기르는 데 적합하도록 구성한다.
- 수학 교과 역량 함양에 적합한 다양한 교수 · 학습 방법을 포함한다.
- 결과보다는 과정 중심 평가가 이루어질 수 있도록 다양한 평가 방법을 포함

한다.

추가해야 하는 항목이 대폭 늘었는데 분량은 20퍼센트 이상 줄여야 하니 교과서 집필자의 고민이 이만저만 아니겠지요.


## 3. 수학교과서의 대표적인 문제점

우리나라 수학교과서는 현재 다음과 같은 문제점을 드러내고 있습니다.

첫째, 우리나라 수학교과서는 교사의 설명식 교수에 적합합니다. 즉, '개념 설명-예제 설명-문제 풀이 연습'이라는 전형적인 3단계 수업에 알맞도록 구성되어 있습니다. 그래서 학습자 스스로 지식을 구성하고 발견하기가 어렵습니다. 교사의 일방적 주입식 가르침(교수敎授) 중심인 현 교과서 구성을 학습자의 배움(학습學習) 중심으로 바꾸는 문제는 검정제로 퇴행한 상황에서 이제 시도조차 할 수 없게 되었습니다.

둘째, 현 교과서에는 학생의 인지 발달에 맞지 않는 구성 요소가 많습니다. 특히, 교육과정의 학문적 용어와 교과서의 단원 이름이 일치하는 상황은 교육과정과 교과서의 용도 및 독자를 구분하지 못한 결과입니다. 아직 배우지 않은 개념을 단원 이름으로 사용하거나 배울 것이라고 예고하는 건 학생의 인지 발달을 전혀 고려하지 않은 결과입니다.

셋째, 현 교과서는 수학과의 핵심 역량 함양 또는 수학적 과정 등을 반영한 수학적 사고를 중시하지 않고, 문제를 푸는 것에서 학습을 멈춥니다. 그리고 학습 원리 또는 학습법을 제시하지 못하고 있어 수학 학습을 어려워하는 학생을 위한 배려도 부족하지요.

넷째, 개념을 만들고 발견하는 과정에서 높은 수준의 사고를 요하는 많은 질문과 과제가 만들어질 수 있는데, 개념을 일방적으로 주입하고 그걸 이용해 문제를 해결하는 방식으로 구성된 현 교과서에는 낮은 수준의 사고를 요하는 문제를 주로 수록할 수밖에 없습니다.

다섯째, 뒤처지고 준비가 부족한 학생을 배려하는 복습 과정이 부족합니다. 지금의 교과서는 나선형보다 단선형에 가깝습니다. 지금까지도 복습 과정에 지면을 할애하는 데 인색했고, 검정제로 회귀한 상황에서는 더더욱 충실한 복습 과정을 만드는 것이 어려워졌습니다.

여섯째, 현 교과서에는 수학 개념의 연결과 통합을 위한 노력이 보이지 않습니다. 수학 개념은 위계성이 강한 동시에 다양한 측면에서 연결성도 강하기 때문에 가급적 단원 간 분절적 지도보다 통합적 지도를 지향해야 하는데, 교육과정의 영역 구분이 교과서에서 허물어지지 않은 상태입니다. 학생 스스로 허물어 통합해야 하지요.

# 02 | 수학교과서를 위한 여섯 가지 제언

## 1. 일방적 주입에서 자기주도적 발견으로

### 일방적 주입이 문제다

현 수학교과서는 학자가 수학이라는 학문을 다루고 연구하는 방법과 똑같은 방식을 학생에게 제시합니다. 교사가 수학 개념을 알려 주고 일방적으로 주입하는 방식의 설명 체계를 따르지요. 학생 스스로 수학 개념을 발견할 수 있는 학습 과정의 설계는 고려되지 않았습니다. 수업 시간에 교과서를 통해 수학의 개념과 본질을 잘 이해하고 그 개념에 따라 수학적 사고를 확장하며 수학을 공부하는 기쁨을 보장하지 못하고, 간단한 원리 설명과 기계적 적용 문제로 불친절한 교과서 형태를 띕니다. 학생들은 수학교과서가 다 그렇다고 생각하며 수학교과서에 대해 새로운 상상을 하지 않습니다. 수학교과서라고 해서 그렇게 메마르고 건조할 필요는 없는데 말입니다.

교과서에는 일반적으로 끌고 가는 활동도 많습니다. 제7차 교육과정에 따른 초등학교 4학년 2학기 내용 중에는 평행사변형의 성질이 있습니다. 이를 가르치기 위해 여섯 가지 발문을 하지요. 마주 보는 변의 길이가 같음을 확인하기 위해 재어 보게 하고, 마주 보는 각의 크기가 같음을 확인하기 위해 역시 재어 보도록 합니다. 학생들은 이런 발문에 대해 실제 자와 각도기로 측정하는 활동을 하고, 그 결과 대변의 길이와 대각의 크기가 같음을 확인합니다. 그리고 마지막 빈칸에 평행사변형의 성질을 정리하지요. "평행사변형은 마주 보는 두 쌍의 변의 길이가 같고, 마주 보는 두 쌍의 각의 크기가 같다."

| 활동 | 평행사변형의 성질을 알아봅시다.

- 평행사변형에서 마주 보는 변의 길이는 어떠하다고 생각합니까?
- 평행사변형에서 마주 보는 변의 길이를 재어 보시오.
- 평행사변형에서 마주 보는 변의 길이는 어떻습니까?
- 평행사변형에서 마주 보는 각의 크기는 어떠하다고 생각합니까?
- 평행사변형에서 마주 보는 각의 크기를 재어 보시오.
- 평행사변형에서 마주 보는 각의 크기는 어떻습니까?
- 평행사변형에서 발견한 성질을 말해 보시오.

이날 학생들은 과연 평행사변형의 성질을 정말 이해하고 자기 것으로 소화했을까요? 확신하기 어렵습니다. 조금 심하게 말하면 이날 학생들은 교과서의 꼭두각시 노릇을 했을 뿐입니다. 길이를 재라고 하니 자를 들어 길이를 재고, 각의 크기를 재라고 하니 각도기를 이용해 각도를 쟀으니까요. 그 결과 수치가 같음을 확인했을 뿐, 그게 평행사변형이기 때문이라는 필연성을 연관시키는 것은 쉽지 않았을 것입니다. 그래서 며칠 지나면 평행사변형에 대한 학습 결과가 학생에게 별로 남아 있지 않지요.

단계형 발문은 학생의 자기주도성 발현을 방해할 수 있습니다. 여기서 단계형 발문은 수학 문제를 제시하는 데 있어 학생이 자기 생각으로 도달해야 하는 사고의 과정을 문제 속에 하위 문제로 계속 제시하여 아무 생각 없이 문제가 원하는 대로 따라가다 보면 저절로 답이 나오는 질문 방법을 말합니다. 다음의 예시도 단계형 발문입니다.

한 상자에 16권이 들어 있는 노트 15상자를 72000원에 사 왔다. 한 상자에 노트를 12권씩 다시 담고 3800원을 받는다고 할 때 노트를 모두 팔아 남긴 이익을 구하라.

1. 사 온 노트는 모두 몇 권인가?

2. 노트를 한 상자에 12권씩 다시 담으면 몇 상자가 나오는가?

3. 노트를 모두 판 금액은 얼마인가?

4. 노트를 팔아 남긴 이익은 얼마인가?

이런 단계형 발문이 학습에 끼치는 영향은 무엇일까요? 단계형 발문은 아이들의 지적 자율성intellectual autonomy을 해칩니다. 따라서 만연해 있는 단계형 발문을 줄이고 교과서의 발문을 좀 더 개방적으로 열어 놓을 필요가 있겠지요.

교사가 모든 것을 가르치려 드는 상황에서 단계형 발문은 어쩌면 당연해 보이기도 합니다. 하지만 조금만 뒤집어 생각해 보면 이는 결국 학생을 순한 양으로 키우는 결과가 될 수 있습니다. 독수리는 때가 되면 새끼를 벼랑 끝에서 떨어뜨려 스스로 날게 하지요. 학생들을 강하게 키우려면 독수리의 교육 방식을 도입해야 합니다.

존 홀트가 『아이들은 어떻게 배우는가』에서 전한 다음 내용도 되새겨 봐야겠습니다.

어른들이 시키는 일이란 바로 아이들에게 배우는 법을 가르치기 위해 만들어 낸 것들이다. 짧게만 보면, 아이들이 쓰는 이런 전략이 통하는 것처럼 보인다. 거의 아무것도 배운 게 없어도 학교 과정을 통과할 수 있도록 해놓았으니 그럴 수밖에. 그러나 길게 보면 이 전략은 아이들의 성장을 가로막고, 인격과 지성을 파괴해 버리고 만다. 이런 전략을 사용하는 아이는 규격화된 존재 이상으로는 성장하지 못한다. 대부분의 아이는 '틀에 박힌' 인간이 될 것이며, 이것이 바로 학교에서 일어나는 진짜 실패다. 이 실패에서 벗어나는 아이는 거의 없다.

다음은 고 1 교과서의 한 부분입니다. 여기서는 다항식의 나눗셈을 학습하게 되는데, 개념 설명이 가장 먼저 나오고, 그 개념을 적용하는 예제 또는 문제가 나옵니다. 생각 열기를 제외하면 첫 번째가 교사의 개념 설명, 두 번째가 교사의 예제 풀이 시범, 세 번째가 학생의 문제 풀이 모방입니다. 전형적인 주입식 교육과 거기에 따른 학생의 모방 연습이 이루어지는 수업 모형이지요.

다항식 $A$를 다항식 $B(B \neq 0)$로 나누었을 때의 몫을 $Q$, 나머지를 $R$라고 하면

$$A = BQ + R$$

와 같이 나타낼 수 있다. 이때 $R$의 차수는 $B$의 차수보다 낮다. 특히, $R = 0$이면 $A$는 $B$로 나누어떨어진다.

| 예제 |
_____
_____

| 문제 |
_____
_____

다항식의 나눗셈에서 몫과 나머지가 왜 필요한지, 이 문제를 어떻게 해결할 수 있는지 등의 내용을 학생이 발견하도록 이끄는 것이 아니라 교사의 일방적인 설명을 통해 학습하도록 구성돼 있지요. 학생들은 영문을 모른 채 잠자코 교사의 설명을 듣고 그 내용을 소화해 내야 합니다. 그리하여 정서적 거부를 시작하게 마련이지요. 학습자가 학습할 필요를 느낄 틈도 없이 교사의 설명이 제공되니까요. 듣다 못한 학생이 질문을

지금 가르치는 게 수학 맞습니까?

합니다.

"선생님! 다항식의 나눗셈을 왜 배워요?"

"크면 안다."
"나중에 알게 돼."
"그렇게 따지는 사람치고 공부 제대로 하는 녀석은 본 적이 없다."

　개념에 대한 주입식 설명이 끝나면 바로 교사가 예제를 풀어 줍니다. 학생이 스스로 푸는 게 아닙니다. 풀이 과정이 교과서에 제공되어 있는 만큼 학생은 교과서의 풀이를 눈으로 읽거나 교사의 시범적인 풀이 과정을 들을 수밖에 없습니다. 곧이어 나오는 유사 문제를 풀 때쯤 비로소 활동 기회를 갖게 되지만 유사 문제를 푸는 과정은 교사 시범에 대한 모방 성격이 강합니다.

　구성주의 교육철학을 가진 교사는 자기 철학과 다른 방식으로 이루어진 현 교과서를 그대로 사용할 수 없기 때문에 매 시간 교과서를 재구성하여 사용합니다. 교과서가 구성주의 교육철학에 따라 학생의 자기주도적 발견이 가능하도록 바뀌면 해결될 일이건만, 각 교사가 매 시간 교과서를 재구성해 사용할 수밖에 없는 것이 학교의 현실입니다. 많은 혁신학교에서 시도하는 자기주도적 학습과 협력 학습 등이 유독 수학 교과에서 더디게 개선되는 현상의 원인도 현 수학교과서에서 찾을 수 있겠지요.

　다음 예시에도 일방적 주입식 교과서 기술 형태가 드러납니다.

덧셈, 뺄셈, 곱셈, 나눗셈이 섞여 있는 식은 어떻게 계산할까?
덧셈, 뺄셈, 곱셈, 나눗셈이 섞여 있는 식은 다음과 같은 순서로 계산할 수 있다.

### 복잡한 식의 계산 순서

1. 거듭제곱이 있으면 거듭제곱을 먼저 계산한다.
2. 괄호가 있으면 괄호 안을 먼저 계산한다.
3. 곱셈, 나눗셈을 계산한다.
4. 덧셈, 뺄셈을 계산한다.

| 예제 |
_____
_____

| 문제 |
_____
_____

여기서는 특히 교과서의 예제 풀이가 학생에게 어떠한 영향을 주는지 생각해 볼 필요가 있습니다.

| 예제 | 주머니 속에 5개의 제비가 들어 있고 이 중 당첨 제비가 2개 들어 있다. 이 주머니에서 차례로 한 개씩 두 번 뽑을 때, 두 번 모두 당첨될 확률을 구하여라. 단, 한 번 뽑은 제비는 다시 넣지 않는다.

| **풀이** | 처음에 당첨될 확률은 $\frac{2}{5}$,

두 번째에 당첨될 확률은 $\frac{1}{4}$이고,

이들은 같이 일어날 수 있으므로 구하는 확률은

$\frac{2}{5} \times \frac{1}{4} = \frac{2}{20} = \frac{1}{10}$ 이다.

답 : $\frac{1}{10}$

| **문제** | 위 예제에서 두 번 모두 당첨되지 않을 확률을 구하여라.

---

교과서의 예제 풀이는 교사가 시범적으로 보여 주는 부분입니다. 이 시범이 때로는 이후에 일어나는 학생의 문제 풀이 과정에 결정적인 힌트가 되기도 하는데, 이때 오히려 오개념이 유도될 수 있습니다.

앞의 문제에서 두 번 모두 당첨되지 않을 확률을 구한다고 할 때 예제가 준 힌트로 인하여 오류가 발생하면 다음 (1), (2)와 같이 풀 수 있습니다.

(1) $1 - \frac{2}{5} = \frac{3}{5}$, $1 - \frac{1}{4} = \frac{3}{4}$이므로 구하는 확률은 $\frac{3}{5} \times \frac{3}{4} = \frac{9}{20}$이다.

(2) $1 - \frac{1}{10} = \frac{9}{10}$

예제 풀이는 학생의 자기주도적 사고 기회를 빼앗습니다. 답이라고 생각되는 예제 풀이를 외면할 학생은 많지 않으니까요. 이런 교과서 기술

방식은 결국 문제해결능력을 키우기보다 문제 풀이 기술 암기라는 패턴의 학습을 강요할 것입니다.

다음 교과서 역시 중학교 기하 증명의 전형적인 구성을 보여 줍니다.

오른쪽 그림과 같이 원 O의 외부에 있는 점 P에서 원 O에 그을 수 있는 접선은 2개다. 이때, 두 접점을 A, B라 하면 선분 PA, PB의 길이를 점 P에서 원 O에 그은 접선의 길이라고 한다. 그런데 △PAO와 △PBO에서 $\overline{OP}$는 공통, $\overline{OA} = \overline{OB}$(반지름), ∠PAO = ∠PBO = 90°이다.

∴ △PAO ≡ △PBO, $\overline{PA} = \overline{PB}$

이상에서 다음과 같이 정리할 수 있다.

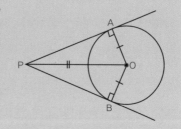

원의 외부에 있는 한 점에서 그 원에 그은 두 접선의 길이는 서로 같다.

| 문제 | 오른쪽 그림과 같이 원 O의 외부에 있는 점 P에서 접선 PA, PB를 그을 때, 다음이 성립함을 증명하여라.

1. ∠APO = ∠BPO

2. $\overline{PO}$는 $\overline{AB}$를 수직이등분한다.

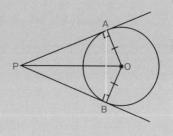

여기서 가르치고자 하는 것은 원 밖의 한 점에서 원에 그은 접선의 성질입니다. 교과서에 나열된 성질은 총 네 가지로 보이는데, 이 모든 성질은 학생의 탐구나 추측에 의해 드러난 것이 아니라 이미 누가 발견한 걸

지금 가르치는 게 수학 맞습니까?

그대로 나열한 것에 불과하지요. 그리고 학생은 누가 어떻게 발견했는지도 모르는 사실을 스스로 증명하도록 요구받습니다. 행동주의 교육철학을 철저히 반영한 교과서 구성입니다.

교과서에 제시된 네 가지 성질은 학생에게 아무런 관심사가 되지 못합니다. 마찬가지로 학습 동기가 일어날 수도 없지요.

## 미국 교과서의 자기주도적 발견 배려

외국 교과서는 어떨까요? 다음은 미국 뉴욕 주에서 사용하는 중학교 수학 교과서 『커넥티드 매시매틱스Connected Mathematics』의 한 부분입니다.

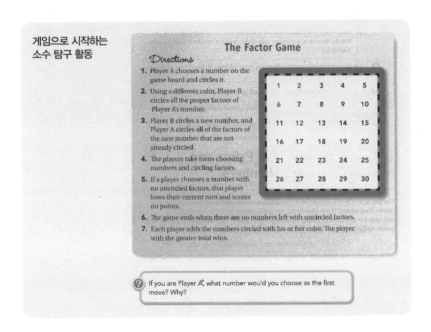

게임으로 시작하는
소수 탐구 활동

**The Factor Game**

Directions

1. Player A chooses a number on the game board and circles it.
2. Using a different color, Player B circles all the proper factors of Player A's number.
3. Player B circles a new number, and Player A circles all of the factors of the new number that are not already circled.
4. The players take turns choosing numbers and circling factors.
5. If a player chooses a number with no uncircled factors, that player loses their current turn and scores no points.
6. The game ends when there are no numbers left with uncircled factors.
7. Each player adds the numbers circled with his or her color. The player with the greater total wins.

| 1 | 2 | 3 | 4 | 5 |
|---|---|---|---|---|
| 6 | 7 | 8 | 9 | 10 |
| 11 | 12 | 13 | 14 | 15 |
| 16 | 17 | 18 | 19 | 20 |
| 21 | 22 | 23 | 24 | 25 |
| 26 | 27 | 28 | 29 | 30 |

If you are Player A, what number would you choose as the first move? Why?

소수와 무관해 보이는 약수 게임The Factor Game을 하네요. 소수를 직접 가르치고 바로 정의하기보다 학생의 관심을 끌 만한 게임을 통해 소수를 발견하는 기회를 제공하려는 것입니다. 학생의 호기심과 흥미를 유발한다는 점만으로도 우리 교과서와 비교해 볼 가치가 있겠습니다. 더불어 저절로 소수 개념을 발견하도록 의도하고 있다는 점은 큰 장점이 되겠지요.

---

**소수에 관한 게임 이후의 탐구 과제**

*Problem* **1.1**

Play the Factor Game several times with a partner.

Ⓐ **1.** How can you determine whether one number is a factor of another number?

**2.** If you know a factor of a number, can you find another factor? Explain.

**3.** Make a list of the factors of 18. Then make a list of the divisors of 18. Are the factors of a number also divisors of the number? Explain your reasoning.

Ⓑ Give an example of a number that has many factors. Then give an example of a number that has few factors.

Ⓒ How do you know when you have found all of the factors of a number?

---

탐구 활동 이후 과정은 우리나라 교과서와 더욱 큰 차이를 보입니다. 일단 교사가 바로 소수의 정의를 설명하는 과정은 존재하지 않습니다. 위와 같이 탐구 과제가 지속되고, 이후에도 계속적인 탐구 활동이 이어짐으로써 생각을 열고 동기를 유발하는 과정으로 연결됩니다. 교사는 소

수의 정의로 다짜고짜 들어가지 않고 우회하는 과정을 통해 학생이 스스로 소수의 개념과 필요성을 발견해 내도록 기다려 줍니다.

---

**탐구 과제 속 소수와 합성수의 정의**

**Ⓒ** **1.** List all first moves that allow your opponent to score only one point. These numbers are called **prime numbers.** Are all prime numbers good first moves? Explain.

**2.** List all first moves that allow your opponent to score more than one point. These numbers are called **composite numbers.** Are composite numbers good first moves? Explain.

---

이제 비로소 위와 같이 소수와 합성수의 정의가 나오는데, 별도의 본문이 아니라 탐구 과제를 해결하는 맥락 속에서 자연스럽게 정의가 만들어집니다. 우리나라 교과서에서는 문제나 질문 속에 정의가 나오는 적은 거의 없고, 본문에서 별도로 정의를 제공하고 있지요.

이번에는 소인수분해 학습 과정입니다. 다음 쪽의 사진이 같은 교과서의 해당 내용입니다.

소인수분해 단원에 들어왔지만 우리나라 교과서와 달리 소인수분해를 직접 정의한 부분은 보이지 않습니다. 소인수분해를 왜 해야 하는지, 그 필요성을 스스로 발견하도록 돕고 있지요. 사실 정의를 하는 활동은 어느 정도 배경지식과 동기가 생겨난 이후에나 가능합니다.

여기서는 직접적으로 소인수분해를 정의하고 가르치기보다 퍼즐 게임이라는 간접적인 수단을 통해 자연스럽게 소인수분해를 해보도록 유도

# 3.1 The Product Puzzle: Finding Factor Strings

In the Product Puzzle, you look for strings of factors with a product of 840. Two factor strings are marked in the puzzle shown.

**The Product Puzzle**

| | | | | | |
|---|---|---|---|---|---|
| 5 | 42 | 14 | 15 | 56 | 3 |
| 20 | 3 | 4 | 420 | 28 | 5 |
| 70 | 12 | 35 | 210 | 2 | 168 |
| 120 | 24 | 14 | 2 | 28 | 84 |
| 7 | 280 | 3 | 4 | 6 | 10 |
| 3 | 2 | 105 | 140 | 4 | 5 |
| 20 | 40 | 8 | 21 | 2 | 7 |

? How many factor strings for 840 can you find?

## Problem 3.1

**A** Make a list of the factor strings for 840 in the Product Puzzle. Order the strings by the number of factors.

**B** Choose a factor string for 840 with two factors. How can you use this string to find a factor string with three factors?

**C**
1. What is the longest factor string on your list? Is there a longer factor string? Explain.

2. How do you know when you have found the longest string of factors for a number?

3. Strings of factors are different if they differ in a way other than the order of the factors. How many different longest strings of factors are there for 840?

# 3.2 Finding the Longest Factor String

Strings of factors are called **factorizations**. The longest possible factor string for 840 is made up of prime numbers. This string is the **prime factorization** of 840.

You can use a shorthand notation to write prime factorizations. For example,

$$840 = \underset{2^3 \times 3 \times 5 \times 7}{\underline{2 \times 2 \times 2 \times 3 \times 5 \times 7}}$$

The small raised number is an *exponent*. An **exponent** tells you how many times a factor is used. For example, the prime factorization of 840 uses the number 2 three times.

In the product $2^3 \times 5^4$, the exponents mean "Use a 2 three times as a factor and use a 5 four times."

$$2^3 \times 5^4 = \overset{\text{three factors}}{\overbrace{2 \times 2 \times 2}} \times \overset{\text{four factors}}{\overbrace{5 \times 5 \times 5 \times 5}} = 5{,}000$$

This means that you can write the prime factorization of 5,000 in two ways:

$$5{,}000 = 2 \times 2 \times 2 \times 5 \times 5 \times 5 \times 5 \qquad \text{Expanded Form}$$
$$= 2^3 \times 5^4 \qquad \text{Exponential Form}$$

합니다. 그리하여 학생은 소인수분해가 뭔지는 모르지만 일단 퍼즐에 집중하게 되고, 결국 소인수분해를 경험하기에 이릅니다. 교사는 다짜고짜 소인수분해를 정의하고 해당 내용을 가르치기 시작하는 대신 우회하는 과정을 통해 학생 스스로가 소인수분해를 발견하고 그 필요성을 느끼도록 기다려 줍니다.

퍼즐로 곱셈을 어느 정도 경험하고 나서야 비로소 위와 같이 소인수분해의 정의가 나옵니다. 우리나라 교과서에 부족한 부분이 바로 이 지점입니다. 다른 나라 역시 30~40년 전에는 우리와 비슷한 교과서를 사용했지만 많은 교과서가 학생의 자기주도적 발견을 배려하는 쪽으로 바뀐 것이 요즘의 추세입니다. 우리나라 수학교과서의 기술 방식은, 조금 심하게 이야기하면 해방 이후에 바뀐 적이 없습니다. 교사의 훌륭한 설명과 주입식 강의 하나면 충분하다는 전근대적 교육관이 그대로 유지되고 있습니다.

## 학습자의 배움을 중심으로 하는 교과서

교육과정의 교수 · 학습 방법에 "수학의 개념, 원리, 법칙, 기능의 교수 · 학습에서는 생활 주변 현상, 사회현상, 자연 현상 등의 여러 가지 현상을 학습 소재로 하여 도입하거나 구체적 조작 활동과 탐구 활동을 통하여 학생 스스로 개념, 원리, 법칙을 발견하고 이를 정당화하게 한다"는 항목이 있습니다.

　여기서 강조한 것은 발견입니다. 학생 스스로 발견하게 하는 것을 강조하고 있습니다. 이것이 구성주의 교육철학입니다. 구성주의 교육에서 교사 및 성인의 역할은 학생이 스스로 학습할 수 있는 환경을 만들어 주는 것입니다. 수학교과서에는 이 부분이 잘 드러나야 합니다. 학생이 자기주도적으로 학습해 갈 수 있는 교과서가 제공되어야 보다 의미 있고 효과적인 수학 학습이 이루어질 수 있습니다.

　학생이 자기주도적으로 학습목표를 이해하고 학습 과정에서 주도적 역할을 하기 위해서는 현 교과서 개념 도입 부분에 자리 잡고 있는 생각을 여는 활동이 좀 더 실질적으로 구성될 필요가 있습니다. 또한 교과서의 본문이 생각을 여는 탐구 활동과 밀접하게 관련지어져 전개되어야 합니다.

수학 개념은 교사가 일방적으로 주입해서는 습득되지 않습니다. 학습자 스스로 발견하고 경험하고 생산하는 방식일 때 학습됩니다. 즉, 학습자가 스스로 지식을 구성해야 수학 개념을 확실히 이해하고 적용할 수 있습니다. 수학 개념의 발명자(발견자) 내지는 생산자의 위치에 처한 학생이 최고의 학습자가 되는 것이지요.

현 교과서의 생각 열기는 형식적입니다. 생각 열기라는 동기 유발 시도가 행해지더라도 이어지는 본문에서 수학 지식을 일방적으로 주입하고 있기 때문에 학생은 오히려 철학적 혼란을 갖게 됩니다. '개념 설명 – 예제 설명 – 문제 풀이 연습'으로 이어지는 우리나라 수학교과서의 전형적인 3단계 구성을 보면 발견학습이나 탐구 학습이라는 용어는 이내 무색해집니다. 제7차 교과서에서 시작된 생각 열기나 탐구 활동은 교육부의 교과서 집필 지침에 따른 구색 맞추기 이상의 역할을 하지 못하고 있습니다. 탐구 활동이 본문으로 이어지지 못하는 것은 탐구 활동이 일회적인 탓이기도 하고, 이후에 바로 개념이 주어지므로 굳이 탐구 활동을 하지 않아도 되기 때문입니다.

교과서의 생각 열기를 더욱 강화하기 위해서는 탐구 활동을 단번으로 끝내지 않고 지속적으로 제공해야 합니다. 수학 개념에 대한 설명을 최대한 늦춰서 학습자가 스스로 개념을 발견하고 형성할 기회를 제공해야 합니다. 이것이 학습자의 배움을 중심으로 하는 교과서입니다. 그래야 스스로 공부하는 학습자를 만들 수 있습니다.

다음 예시를 보지요.

다음은 광물의 결정 모양을 다면체로 나타낸 것입니다. 각 면을 이루는 다각형들의 변의 길이가 모두 같다고 할 때 물음에 답하시오.

1. 다면체 A, B의 공통점이 무엇인지 생각하고 그 결론을 정리하시오.

2. 다면체 C는 다면체 A, B와 비교했을 때 어떤 점이 다른지 토론해 보고 그 결론을 정리하시오.

3. 다면체 D는 다면체 A, B와 비교했을 때 어떤 점이 다른지 토론해 보고 그 결론을 정리하시오.

지금 가르치는 게 수학 맞습니까?

정다면체가 되는 것과 아닌 것을 충분히 관찰하고 토론하는 활동을 통해 정다면체의 개념을 도출하여 정리하면 정다면체를 정의할 수 있게 됩니다. 정의 이후에는 예제나 문제 푸는 활동을 지양하고 계속되는 탐구 활동을 통해 정다면체 구성 활동을 하고, 정다면체와 준정다면체의 차이점 등에 대한 탐구 활동도 이어 가야 하겠습니다.

## 불친절한 조건이 자기주도성을 높인다

과제에는 불친절한 조건이 주어질 필요가 있습니다. 친절한 과제는 오히려 학생의 사고를 막을 수 있습니다. 특히 현 수학교과서처럼 예제를 통해 미리 풀이를 제시한 후 유사한 문제를 풀게 한다든가, 교사가 수업 시간에 미리 시범을 보인 후 학생이 그걸 따라 하게끔 시키는 수업에서는 과제의 역할이 미미할 수밖에 없습니다. 이러한 수업에서 학생의 활동은 기계적인 암기와 모방이 주를 이루지요. 당연히 지적 발전이나 성찰은 일어나기가 어렵습니다.

수학에서 초등학교와 중학교를 구분하는 중요한 소재는 문자의 사용입니다. 그런데 많은 학생이 문자 사용 단계에서 실패를 겪는다는 사실이 여러 연구를 통해 밝혀지고 있습니다. 이는 문자라는 도구 사용에 대한 교육적 배려가 부족했다는 의미가 됩니다. 문자는 주어지는 것이 아니라 필요에 따라 사용하는 것이지만 다음과 같이 많은 교과서가 문자를 주고 식을 만드는 데 치중하는 방식을 사용하고 있습니다. 학생이 발명해야 할 문자 $x$를 교과서가 먼저 제시하는 것이지요.

| 생각 열기 | 수연이는 문방구에서 한 자루에 1000원인 형광펜을 사려고 한다. 이때, 지불할 금액을 생각해 보자.

1. 형광펜 2자루의 값을 식으로 나타내어라.

2. 형광펜 3자루의 값을 식으로 나타내어라.

3. 형광펜 $x$ 자루의 값을 식으로 나타내어라.

그렇다면 도구의 사용 측면에서 바람직한 문자의 도입의 예를 들어 보지요.

오른쪽 사각형의 넓이를 구하고자 한다. 넓이를 구하는 데 필요한 조건을 스스로 제시하고, 사각형의 넓이를 구하는 식을 만들어라.

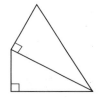

답을 구해 보자면, 먼저 ①과 같이 모든 길이를 문자 $x$로 나타내어 사각형의 넓이를 $x \times x \div 2 + x \times x \div 2$라고 표현할 수 있습니다. ②와 같이 네 변의 길이를 달리 해서 $a \times b \div 2 + c \times d \div 2$와 같은 제법 괜찮은 답을 내는 학생도 많겠지요. 그리고 수학교사라면 ②와 같이 네 변의 길이를 $a$, $b$, $c$, $d$ 등 명시적으로 제시하고 식을 구하라는 단순한 지시를 할 것입니다.

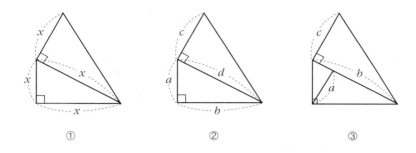

①　　　　　　　　　②　　　　　　　　　③

문제에서 네 변이라고 지정한 것은 아니니 ③의 $(a+c) \times b \div 2$와 같이 문자를 최소화하는 창의적 풀이도 나옵니다.

**"세 개의 문자로도 충분히 넓이를 표현할 수 있기 때문에 네 개의 문자를 사용하는 건 불필요하다고 생각해서 줄여 봤어요."**

어쨌든 이 과제는 학생이 문자 사용의 필요성을 느낀 후, 스스로 문자를 선택하여 표현하면서 올바른 문자 표현 방법을 익히도록 도와줍니다. 우리는 학생이 문자라는 도구를 적절히 사용하여 이를 이미 습득한 도형의 넓이에 대한 사고로 재구성해 나가는 과정을 살펴볼 수 있습니다.

다음과 같은 문제는 회전체가 아닌 것이 포함되어 있기 때문에 한편에서는 틀린 문제라고 지적할 수 있지만, 회전체가 아닌 것을 주고 회전시킨 도형을 찾으라고 하는 다소 엉뚱하고 불친절한 조건을 제시한 것은 학생의 자기주도적 발견을 의도한 것이지요.

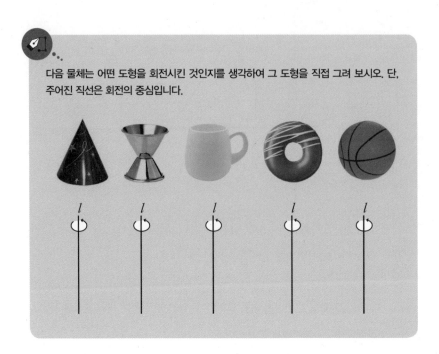

다음 물체는 어떤 도형을 회전시킨 것인지를 생각하여 그 도형을 직접 그려 보시오. 단, 주어진 직선은 회전의 중심입니다.

일단 이를 전형적인 친절한 문제로 바꿔 보자면 "다음 물체를 회전체와 회전체가 아닌 것으로 구별하고, 회전체에 대해서는 어떤 도형을 회전시킨 것인지 찾아 그리시오"가 될 것입니다.

하지만 조건이 불친절하면 다양한 반응이 나올 수 있습니다. 학생들은 컵을 보고 "회전체가 아니기 때문에 어떤 도형인지 찾을 수 없어요", "컵의 손잡이를 떼고 회전체를 만든 다음 다시 손잡이를 붙일래요" 하고 답할 수 있습니다. 원뿔 등에 있는 무늬도 많은 논란을 일으킬 테지요. "원뿔에 그려진 그림을 생각하면 회전체가 아니에요" 하고 답하는 학생이 있을 수 있습니다.

지금 가르치는 게 수학 맞습니까?

이렇게 저마다 나름의 주관을 가지고 답을 하는 과정에서는 과제에 대한 반성과 활발한 의사소통이 유발되기도 합니다.

다음은 연속적인 두 문제입니다. 1번에서는 $x=-2$라는 해를 구해 이를 수직선 위에 표시할 수 있지요. 2번은 좌표평면이 필요한 문제인데 여전히 수직선만 나와 있네요. 그렇다면 학생은 어떻게 해야 할지를 생각하여 축이 하나 더 필요하다는 사실을 발견해야 합니다. 좌표평면이라는 개념을 먼저 가르치는 것이 아니라 좌표평면이 필요한 상황, 좌표평면이 없으면 안 되는 상황을 만들어서 자연스럽게 좌표평면을 도입하는 활동으로 넘어가는 것이지요.

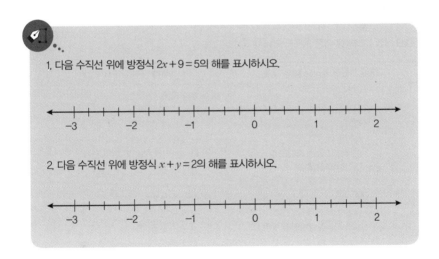

1. 다음 수직선 위에 방정식 $2x+9=5$의 해를 표시하시오.

2. 다음 수직선 위에 방정식 $x+y=2$의 해를 표시하시오.

## 2. 학문 중심 용어를 배움 중심 언어로

### 학생에 대한 배려가 부족하다

전문가가 보는 교육과정 문서는 학문 중심의 기술을 따를 수 있습니다. 하지만 학생이 보는 교과서는 당연히 학습자 중심으로 기술되어야 합니다. 그런데 다음 표에서 알 수 있듯이 우리나라 교과서의 목차는 전문가가 보는 교육과정 문서와 거의 다르지 않습니다. 교과서는 교사용이 아니라 학생용임을 생각한다면 독자인 학생에 대한 배려가 부족하다고 말할 수 있겠습니다.

2009 개정 교육과정 내용 체계와 교과서 목차 비교표

| 2009 개정 교육과정 내용 체계 | | 2009 개정 교과서 목차 |
|---|---|---|
| 기하 (중 1) | • 점, 선, 면, 각<br>• 점, 직선, 평면 사이의 위치 관계<br>• 평행선의 성질<br>• 삼각형의 작도<br>• 삼각형의 합동 조건<br>• 다각형의 성질<br>• 부채꼴에서 중심각과 호의 관계<br>• 부채꼴에서 호의 길이와 넓이<br>• 다면체, 회전체의 성질<br>• 입체도형의 겉넓이와 부피 | VI. 도형의 기초<br>　1. 기본 도형<br>　　가. 점, 선, 면, 각<br>　　나. 동위각과 엇각<br>　　다. 점, 직선, 평면의 위치 관계<br>　　연습 문제<br><br>　2. 작도와 합동<br>　　가. 삼각형의 작도<br>　　나. 삼각형의 합동<br>　　연습문제 |

배워야 할 수학 용어가 단원명으로 제시되면 학생은 스스로 생각하여 발견하는 기회를 갖지 못할 수 있습니다. 배울 내용이 미리 던져짐으로

써 호기심 유발 기회를 빼앗기기도 하고, 답을 미리 알려 주는 역효과 및 학문적 용어가 아직 학생의 인지 세계에 맞지 않은 탓에 정서적 거부감이 초래될 수도 있습니다.

## 독일과 미국의 친학생적 교과서 목차

외국 교과서에서는 교과서의 단원이나 주제를 학문적 용어보다 학생의 경험에 맞는 이름으로 제시한 예를 볼 수 있습니다.

다음은 독일의 교과서인데, 단원명이 우리 교과서와는 크게 다릅니다.

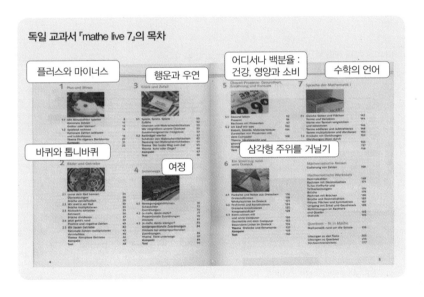

우리나라 교과서의 함수 영역 단원명은 '일차함수', '이차함수'와 같은 학문적 이름인데, 독일 교과서에는 '바퀴와 톱니바퀴'라고 되어 있습

니다. '확률과 통계' 단원에서는 '행운과 우연'이라는 이름을 쓰고 있네요. 이렇게 실생활 소재나 감성적인 단어를 단원명으로 사용한다면 학습자가 수학에 흥미를 느끼고 수학이 실용적 학문임을 이해하는 데 도움이 될 것입니다.

미국 중학교 교과서 『Connected Mathematics』와 『Mathematics in Context』에서도 실생활과 관련 있는 단원명을 찾을 수 있습니다. 때로는 일상용어와 수학 용어가 병기되기도 하고요. 다음 목차에서와 같이 단원명에 학문 용어가 아닌 일상생활 용어를 사용하면 학생은 수학이 우리 삶과 직접적으로 연결되어 있음을 이해하게 됩니다.

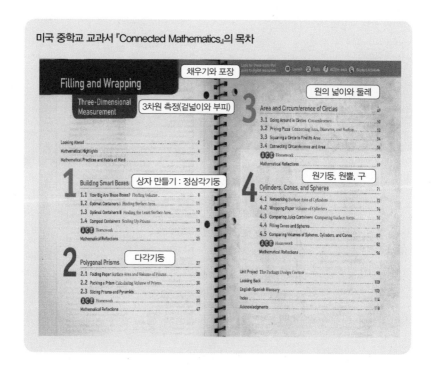

미국 중학교 교과서 『Connected Mathematics』의 목차

지금 가르치는 게 수학 맞습니까?

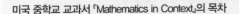

**미국 중학교 교과서 『Mathematics in Context』의 목차**

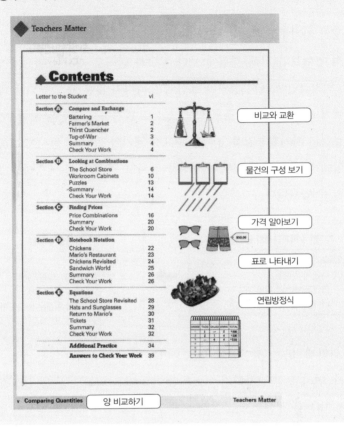

비교와 교환

물건의 구성 보기

가격 알아보기

표로 나타내기

연립방정식

v **Comparing Quantities**    양 비교하기      **Teachers Matter**

    2009 개정 교육과정이 수학을 학습하는 것은 실생활의 여러 현상과 문제를 해결하는 능력을 기르기 위해서라는 사실을 학생이 인지하도록 해야 함을 강조하는 만큼 이러한 단어 사용은 우리 교과서에도 적극 도입할 필요가 있겠지요.

## 친학생적인 단원 이름이나 용어를 사용하는 교과서

학생의 자기주도적 발견을 위해서는 교과서의 단원이나 주제 이름을 학문적 용어보다 학생 경험에 보다 친숙한 단어로 제시할 필요가 있습니다. 인지적인 목표나 정의가 표면에 드러나지 않은 채 진행되는 학습 과정에서 그날의 학습목표를 학생 스스로 발견하는 경험은 자기주도성을 확보하고 자기효능감을 높이는 중요한 계기가 됩니다. 동시에 이를 통해 수학에 대한 정의적 영역의 성취를 높이고 '수포자'를 예방하는 효과도 노릴 수 있습니다.

| 현 수학교과서의 단원명 | 단원명 수정안 |
|---|---|
| 2. 입체도형<br>  01. 다면체의 성질<br>    가. 다면체는 무엇인가?<br>    나. 정다면체는 무엇인가? | 2. 입체도형<br>  01. 다각형으로 둘러싸인 도형<br>    가. 면의 모양 관찰하기<br>    나. 모든 것이 똑같은 입체도형 |

'다면체' 또는 '정다면체'라는 용어는 아직 학습되지 않은 상태이므로 대신 '면의 모양 관찰하기', '모든 것이 똑같은 입체도형' 등 실제 학생의 활동 내용을 구체적으로 표현하면 호기심을 유발하고 직접적인 참여를 유도하는 데도 도움이 됩니다.

## 학생의 현실에 맞는 과제가 집중력을 높인다

다음 과제를 같이 살펴봅시다.

**군용 버스 한 대에 36명이 탈 수 있다. 1128명의 군인이 버스를 타고 훈련 장소로 이동하려면 버스 몇 대가 필요한가?**

이 과제를 두고 70퍼센트의 학생이 1128을 36으로 나눔으로써 31과 나머지 12라는 계산 결과를 얻었습니다. 그런데 그중 23퍼센트만 32대라고 답했고, 29퍼센트는 계산 결과인 '31과 나머지 12'를 그대로 적어 냈습니다. 18퍼센트의 학생은 나머지를 무시하고 31대의 버스가 필요하다고 답했습니다.

나눗셈을 제대로 할 줄 알면서도 왜 바른 결론을 이끌어 내지 못했을까요? 아마 '군용 버스'가 가장 결정적이었을 것입니다. 군용 버스는 학생들의 인지와 경험 세계에 있지 않거든요. 거기다 군대라는 이미지가 떠올라 다소 무서운 감정으로 이 문제를 풀었을 수도 있습니다. 빨리 답만 쓰고 넘어가고 싶었던 것이죠.

군용 버스를 관광버스나 수학여행 버스로 고치면 32대라는 정답을 도출하는 학생 수가 분명 늘어날 것입니다. 자기주도성을 높이는 김에 아예 학생회 임원 입장에서 수학여행에 필요한 관광버스를 학교 대표로서 예약하는 책임을 주고 버스 수요를 파악하라고 하면 정답률은 더욱 높아지겠지요.

학생들은 자기 현실과 맞는 과제 또는 자기주도성이 가미된 과제를 접할 때 보다 집중할 수 있습니다. 현실이 아니더라도 장래에 꼭 필요한 과제 역시 동기 유발을 통해 집중시킬 수 있습니다. 하지만 현 교과서의 과제는 대부분 학생의 현실보다 교과서 저자의 경험 세계로 구성돼 있지요. 이를 학생에 맞게 재조직하는 것은 교사에게 맡겨진 무거운 짐 중 하나입니다. 동시에 교사만이 할 수 있는 일이기도 하고요. 과제 재조직이라는 교사의 역할을 통해 학생들은 수업에서 보다 많은 배움을 얻을 수 있을 것입니다.


## 3. 지식 위주의 성취기준에 풍부한 사고 과정 더하기

### 수학교육의 목표와 성취기준의 괴리

우리나라 교육과정에는 성취기준(학습목표)이 내용 영역 중심으로 제시됩니다. 내용 영역의 중심은 지식이지요. 초등학교 수학에서는 수와 연산, 도형, 측정, 확률과 통계, 규칙성의 다섯 개 영역별로 성취기준이 제시되고, 중학교 수학에서는 수와 연산, 문자와 식, 함수, 기하, 확률과 통계의 다섯 개 영역별로 성취기준이 제시됩니다. 무엇을 배우는지에 대해 주로 설명하고 있지요.

하지만 교과서를 구성할 때는 내용 중심의 성취기준에 수학적 사고(수학적 과정 또는 수학 핵심 역량)가 통합되어 기술되어야 합니다. 2015 교육과정에 이러한 집필 지침이 포함되어 있습니다. 수학교육의 목적이 수학 내용을 가르치는 것만은 아니기 때문입니다.

수학교육의 목표와 성취기준이 괴리된 부분은 교과서가 메워야 합니다. 하지만 교과서에는 연습 문제를 푸는 과정에서 수학적 사고가 요구되는 경우가 나타납니다. 이런 문제 앞에서 학생은 당황하게 되지요. 수학적 사고가 없는 본문과 수학적 사고를 요구하는 연습 문제 사이의 괴리가 수학에 대한 반감을 불러일으킬 수 있습니다.

## 미국, 영국, 독일, 핀란드의 교육과정

외국의 경우 지식만을 강조하고 가르치는 것이 아니라 사고 과정도 중시합니다. 2000년에 발표된 미국 교육과정Standards에는 우리나라와 같은 다섯 개의 내용 영역과 더불어 별도로 다섯 개의 과정 영역이 있었습니다. 과정 영역은 별도 단원으로 독립되기보다 내용 영역과 통합되어 구성되었습니다. 이로써 자연스럽게 과정 중심 사고가 수학교육 전반에 흐를

미국 교육과정의 내용 영역과 과정 영역

| 내용 영역 | 과정 영역 |
|---|---|
| 수와 연산 | 문제 해결 |
| 대수 | 추론과 증명 |
| 기하 | 의사소통 |
| 측정 | 연결성 |
| 자료 분석과 확률 | 표현 |

수 있었습니다.

2010년에 발표된 미국 수학과 공통핵심교육과정CCSSM에서는 여덟 가지 수학적 실천Mathematical Practices을 강조합니다. 매 수업 시간에 그중 일부를 계속 수행함으로써 일관된 수학교육이 진행되고, 이를 통해 모든 학생이 대학이나 직업에 필요한 준비를 갖춘 상태에서 학교를 졸업하게 하려는 것이지요. 수학적 실천의 행동 주체는 수학적으로 유능한 학생mathematically proficient student입니다. 한마디로 수학적 실천은 수학을 잘하는 학생에게 기대되는 행동 요소를 서술한 것이지요.

> MP1. 문제를 이해하고 그것을 해결하는 데 인내심을 가진다.
>
> MP2. 추상적으로 그리고 양적으로 추론한다.
>
> MP3. 논리 있게 주장을 구성하고 다른 사람의 추론을 비판한다.
>
> MP4. 수학적 모델을 만든다.
>
> MP5. 적절한 도구를 전략적으로 사용한다.
>
> MP6. 정확성에 주의를 기울인다.
>
> MP7. 구조를 찾고 이용한다.

MP8. 반복되는 추론에서 규칙을 찾고 표현한다.

    이 실천 원리는 교과서마다 서두 두 쪽에 걸쳐 제시되고, 학생들은 주제별로 학습을 마칠 때마다 반드시 이 실천 원리를 어떻게 사용했는지를 되돌아보고 토론합니다. 매 주제마다 가장 유용한 실천 원리가 무엇이었는지 되돌아보는 활동은 내용 영역뿐 아니라 실천 원리가 중요함을 거듭 상기시킵니다. 다음은 미국 교과서의 주제 마무리 활동입니다.

여러분은 이번 탐구 활동 문제를 해결하면서 이전 지식(선수 지식)을 사용했습니다. 또한 문제 해결을 위해 수학적 실천 원리를 적용했습니다. 이때 어떻게 사고하고 어떠한 실천 원리를 사용했는지 되돌아봅시다.
헥토는 다음과 같은 방법으로 그의 사고를 묘사했습니다.

    우리는 문제 2.2에서 두 소수의 최소공배수가 두 수의 곱임을 알아차렸다. 임의의 두 소수는 1 이외의 공약수를 갖지 않기 때문이다. 그러므로 최소공배수는 각 소수를 그 약수 중 하나로 포함한다.

    여기에 사용된 수학적 실천
    MP8. 반복되는 추론에서 규칙을 찾고 표현한다.

• 헥토의 추론에서 또 다른 실천 원리를 확인할 수 있나요?
• 나와 반 친구들이 이번 시간 탐구 활동의 다른 문제를 해결하는 과정에서 사용한 실천 원리를 설명해 보세요.

**영국 교육과정의 수학적 작업 영역**

| 영역 | 내용 |
|---|---|
| 유창성 개발 | • 이전 단계에서 나온 자신의 수치와 수학 능력을 통합하고, 소수, 분수, 거듭제곱과 제곱근을 포함하는 수 체계와 자릿값에 대한 이해 확장하기<br>• 수학적 관계를 공식화하는 것을 포함한 연산의 구조를 일반화하기 위해 대수 이용하기<br>• 다양한 수식, 대수, 그래픽 및 도식적 표현 사이에서 자유롭게 변환하기<br>예) 동치 분수, 분수와 소수, 그리고 방정식과 그래프<br>• 일차함수 및 간단한 이차함수에 대한 이해를 포함하여, 대수적 및 기하학적 유창성 개발하기<br>• 수, 대수식, 평면도형 및 입체도형, 확률과 통계를 분석하기 위해 용어와 성질 정확하게 사용하기 |
| 수학적 추론 | • 수 체계의 이해 확장하기<br>　– 수 관계와 그 대수적이고 기하학적 표현 사이 연결하기<br>• 측정과 기하를 학습하고, 비례관계를 대수적으로 형식화하는 데 있어 비와 비율에 대한 지식 확장하고 공식화하기<br>• 변수를 식별하고 대수적이고 기하학적 변수 사이의 관계 표현하기<br>• 기하학적 구조 사용을 포함하여, 도형, 수와 대수에서 연역적인 추론 시작하기<br>• 통계적 또는 확률적 상황에서 유추할 수 있는지 없는지를 탐구하고, 자신의 주장을 형식적으로 표현하기 시작하기 |
| 문제 해결 | • 다단계 문제를 포함하여, 문제를 해결하고 결과를 평가하는 과정을 통해 자신의 수학적 지식 개발하기<br>• 금융 수학을 포함하여, 문제를 해석하고 해결하기 위한 형식적 수학 지식 사용 방법 개발하기 |

　영국에서는 중학교에 해당하는 단계Key Stage 3부터 내용 영역 외에 수학적 작업Working Mathematically 영역이 추가됩니다. 이는 수학 내용을 가르칠 때 반드시 같이 가르쳐야 할 영역으로 규정되며, 여기에는 유창성 개발, 수학적 추론, 문제 해결의 세 가지가 명시되어 있습니다.

　따라서 교사는 단순히 수학 내용만 가르칠 것이 아니라 수학적 작업을 중심으로 수학 내용을 재구성해 가르쳐야 합니다. 이때 학생은 수학 내용보다 수학적 작업, 즉 유창성 개발, 수학적 추론, 문제 해결을 통해 수학의 유용성을 인식하게 됩니다.

독일 수학도 크게 다르지 않습니다. 독일의 수학과 교육과정에서는 수학과에서 다루어야 하는 지식 목록만이 아니라 지식을 습득하는 과정에서 혹은 습득한 결과로 보여 주어야 하는 기능skill도 함께 제시함으로써 지식과 기능의 통합을 추구합니다. 교육과정에서 지식은 주로 '내용'과 관련된 항목에서 제시되고, 기능은 '과정'과 관련된 항목에 나옵니다. 즉, 교과를 학습하는 과정에 어떠한 방법적 원리가 활용되어야 하는지를 설명하는 것이지요.

**독일 교육과정의 내용 역량과 과정 역량**

| 내용 역량(Content-related Competency) | 과정 역량(Process-related Competency) |
|---|---|
| 연산 및 조작 활동<br>수량 및 측정<br>공간 및 형태<br>자료 빈도 및 확률 | 문제 해결 및 논의<br>의사소통<br>모델링 |

독일 교육과정은 과정 역량을 그저 선언적으로 포함시키는 것에 그치지 않고 수학 교과를 통해 획득해야 할 역량을 체계화한 후, 역량 습득 결과 학생이 보여 주어야 하는 성취수준을 세분화하여 제시하고 있습니다. 역량별 성취수준을 국가 혹은 주 수준의 교육과정 문서를 통해 제시함으로써 수업의 초점은 교사가 가르치는 것 그 자체가 아니라 수업의 결과로 학생이 학습하게 된 것에 있다는 사실을 강조하지요.

핀란드 역시 수학 내용보다 학습 활동을 중시합니다. 특히 주목할 만한 부분은 집중하기, 관찰하는 습관 기르기, 문제를 스스로 해결함으로써 안정감과 만족감 느끼기, 수학 학습에 대해 자신을 신뢰하고 책임감 갖기, 끈기 있는 태도 기르기, 자신의 행동과 결론을 정당화하기, 의사소통 능력 기르기 등 수학적 성향과 수학적 과정에 대한 목표를 구체적으로 제시한다는 사실입니다. 우리나라 교육과정에 비해 수학적 성향이나 수학적 과정에 있어 강제성을 띠는 것으로 볼 수 있겠지요.

영역별 주요 내용에서 주목할 점은 6~9학년에 '사고 기능과 방법'이라는 내용 영역이 설정되어 있는 것입니다. 사고 기능과 방법 영역에서는 수학 내용 요소를 교육적으로 구현하는 방법이나 학생이 수학 학습을 통해 갖추기를 요구하는 수학적 능력과 관련된 부분을 다음과 같이 진술합니다.

**핀란드 교육과정의 사고 기능과 방법 영역**

| 영역 | 내용 |
|---|---|
| 사고 기능과 방법 | • 분류, 비교, 조직, 측정, 구성, 모델링, 규칙이나 상호 관계를 찾고 표현하기와 같은 논리적 사고를 요구하는 기능 익히기<br>• 비교하고 상호 관계를 이해하는 데 필요한 개념 해석하고 사용하기<br>• 수학적 문장 해석하고 만들기<br>• 증명 도입하기<br>　－ 정당화된 가설이나 실험, 체계적인 시행착오 방법, 부정확성의 정당화, 직접 증명 등<br>• 다양한 방법을 사용하여 조합 문제 해결하기<br>• 사고를 뒷받침할 도구나 그림 사용하기<br>• 수학사 학습하기 |

## 지식과 사고력이 통합된 교과서

그동안 우리나라 교육과정 성취기준에는 사고력이라는 것이 없었습니다. 이번에는 수학 교과 역량이 강조되면서 수학적 과정 등이 교육과정 내용 영역과 통합되었어야 하는데, 아직 이 부분에 대해서는 연구가 부족한 형편이지요.

수학교육의 주된 목적은 수학 지식과 절차를 이해하는 것뿐 아니라 수학적 사고력을 키우는 것입니다. 수학 지식은 수학적 사고력을 키우기 위한 수단으로 사용되어야 합니다. 이공계 대학 진학에 직접적으로 필요한 수학은 고등학교에서 가르치면 되고, 초등학교 및 중학교에서는 수학 내용 지식보다 수학적 사고력을 키워 내는 데 집중해야겠지요.

앞서 살펴본 외국의 사례와 달리 우리나라 교육과정의 내용 영역에 이런 부분이 명시되어 있지 않다는 사실은 우리나라 수학교육이 학생의 수학적 사고력을 키우기에는 부족하다는 증거로 해석할 수 있습니다. 이번에 개정된 2015 교육과정에서는 이 부분이 내용 영역과 직접적인 관계를 맺게 했어야 합니다. 신장되어야 할 핵심 역량이 교육과정 내용 영역과 통합되지 않으면 이를 수업에서 다루기는 어려운 일이니까요. 교과서를 구성할 때 수학적 역량 등을 별도 단원으로 독립시키지 말고 학습목표의 상세화 및 구체화를 통해 내용 영역과 통합되도록 해야 하겠습니다.

수학과 교육과정에서는 일관성이 유지될 필요가 있는데, 이를 위해서는 '수학 학습 원리'를 제공하는 대안이 필요합니다. 수학 학습 원리는 수학과 교육과정 전체의 일관성을 유지하기 위한 중요한 수단이 됩니다.

---

### 2015 수학과 교육과정 성취기준

4. 입체도형의 성질
[9수04-07] 다면체의 성질을 이해한다.
[9수04-08] 회전체의 성질을 이해한다.
[9수04-09] 입체도형의 겉넓이와 부피를 구할 수 있다.

---

### 학습목표의 상세화 및 구체화

VIII. 입체도형
　1. 다면체
　　가. 다면체의 성질
　　　1) 다면체를 스스로 관찰하여 다면체의 뜻을 구성하고 말함으로써, 자기주도적인 문제해결능
　　　　력을 키운다.
　　　2) 다면체의 꼭짓점, 모서리, 면을 관찰하여 다면체의 성질을 발견할 수 있다.
　　　3) 정다면체의 뜻을 말하고, 정다면체와 정다면체가 아닌 것을 구별할 수 있다.

　　나. 다면체의 겉넓이와 부피
　　　1) 전개도를 관찰하여 기둥과 뿔, 각뿔대의 겉넓이를 구하는 일반적인 방법을 발견하고 이를
　　　　설명할 수 있다.
　　　2) 실험과 관찰을 통해 기둥과 뿔, 각뿔대의 부피를 구하는 일반적인 방법을 발견하고 이를
　　　　설명할 수 있다.
　　　3) 겉넓이와 부피와 관련된 실생활 문제를 해결하는 경험을 통해 수학의 유용성을 설명할 수
　　　　있다.

---

수학 내용만으로는 일관성을 유지하기가 어려워 결국 지식 위주의 교육
이 이루어지기 쉬우니까요.

　학습 전 과정을 수학 학습 원리로 지속적으로 끌고 가야 학생이 수학
을 배우는 이유를 자기주도적으로 이해하고, 수학을 배우면서 수학을 실
천하는 것이 몸에 밸 수 있습니다. 이런 과정을 통해 결국 논리적이고 창
의적인 인간으로 성장할 수 있을 것입니다.

　수학 학습 원리는 항상 교과서의 첫 부분에 제시하여 수학교육의 시작

점으로 삼고, 매 시간 매 활동마다 그중 일부를 지속적으로 수행함으로써 모든 수학 수업이 항상 통일되고 일관되도록 진행해야 하겠습니다.

'수학 학습 원리' 예시

학습 원리 1. 끈기 있는 태도 기르기

학습 원리 2. 수학적 추론을 통해 자신의 생각을 정당화 하기

학습 원리 3. 수학적 의사소통 능력 기르기

학습 원리 4. 관찰하는 습관을 통해 규칙성 찾아 표현하기

학습 원리 5. 여러 가지 수학 개념을 연결하기

## 단계적 발문은 아이들의 지적 자율성을 해친다

교사는 학생을 대개 절차적으로 가르치지요. 다시 말하면, 쉬운 과제를 먼저 제시하고 설명을 통해 그 내용을 이해시킨 다음 점차 어려운 과제로 나아갑니다. 그러나 전형적인 이 방법이 학생에게 본질적인 배움을 줄 수 있을지에 대해서는 의문을 가질 필요가 있습니다.

문장의 구조와 문장의 주성분을 주제로 하는 국어과 수업 중 주어와 서술어에 관한 학습 부진아 지도 수업에서 교과서에 나온 쉬운 문장을 주었더니 학생들이 문제를 이해하려고 한다거나 해결하려고 덤벼든다거나 하지 않는 상황이 벌어졌습니다. 이번에는 스스로 문장을 만들어 같이 해결해 보자고 하니까 학생들이 인터넷에서 아이돌 뉴스에 관한 아주 어렵고 기다란 문장을 찾아 꺼냈지요. 그런데 부진아들이 비록 해결하지

는 못했지만 이때는 뭔가 해보려고 덤벼드는 모습을 보였다고 합니다. 아이러니한 것은 어려운 문제를 해결하려고 시도한 후에 다시 교과서의 쉬운 문장을 주었더니 그걸 너무나도 쉽게 해결하더라는 것이지요.

수업에서 과제가 너무 쉬우면 학생에게 많은 배움이 일어나기 어렵습니다. 낮은 수준의 학생일지라도 과제가 다소 어려워 반성적인 사고를 많이 해야 하는 경우에 비로소 도전합니다. 따라서 사고 순서를 역행하는 과제 제시가 필요하겠지요.

다음 수학 문제를 보겠습니다.

1. **상점 A, B에 정가가 100원인 물건이 있다.**
(1) 두 상점이 다음과 같이 가격을 변화시켰을 때 정가는 얼마가 될까?
　(A 상점) 가격을 10% 인상했다가 10% 인하한 경우
　(B 상점) 가격을 10% 인하했다가 10% 인상한 경우

(2) 어느 상점의 가격이 더 높을까?

(3) 두 상점의 물건 가격은 처음 정가보다 낮을까, 높을까? 아니면 변함이 없을까?

2. **상점 A, B에 정가가 똑같은 물건이 있다.**
(1) 두 상점이 다음과 같이 가격을 변화시켰을 때 어느 상점의 가격이 더 높을까?
　(A 상점) 가격을 $a$% 인상했다가 $a$% 인하한 경우
　(B 상점) 가격을 $a$% 인하했다가 $a$% 인상한 경우

(2) 두 상점의 물건 가격은 처음 정가보다 낮을까, 높을까? 아니면 변함이 없을까?

이런 순서로 학습을 시켰을 때 과연 교사가 학생에게 원한 배움이 일어날까요? 이 수업의 목표는 무엇이어야 할까요? 이때 가격 인상과 인

지금 가르치는 게 수학 맞습니까?

하 비율에 대한 추론 감각이 일어날 가능성은 거의 없어 보입니다. 100원과 10퍼센트라는 구체적인 수치 계산은 그 결과가 눈에 쉬이 보이잖아요. 이후 문자를 사용하더라도 굳어진 결과에 모든 것을 꿰맞추려 한다면 원하는 학습목표에 도달할 수 없겠지요.

다음 문제를 봅시다.

다음 그림은 정육면체 안에 4개의 대각선을 그은 것입니다. 4개의 대각선이 만나는 한 점을 중심으로 정육면체를 쪼개면 6개의 사각뿔이 만들어집니다. 이 관계에서 밑넓이와 높이가 같은 각기둥과 각뿔의 부피 사이의 관계를 정확히 추론하고 그 과정을 서술해 보세요.

이 문제에는 수치가 주어져 있지 않습니다. 단계형 발문도 없습니다. 수치도 단계형 발문도 없이 곧바로 기둥과 뿔의 부피 사이의 관계를 추론하도록 요구하고 있습니다. 만약 수치가 주어졌다면 두 부피 사이의 관계는 수치 계산을 통해 금세 드러날 것입니다. 그래서 관계를 추론하려면 구체적 수치를 제외해야 합니다. 단계형 발문 역시 학생의 지적 자율성을 침해할 뿐이므로 단계형 발문이 제시된 문제를 해결하는 과정에서 학습

의욕이나 자발성을 갖게 되기를 기대하는 것은 어렵겠지요.

## 지식의 소유권

수학 학습의 마지막은 문제 풀이가 아니라 '수학적 성찰'이어야 합니다. 수학적 성찰 과정을 거치며 자신이 배운 내용을 되돌아보는 것입니다. 질문을 통해 자신의 생각을 조직하고 중요한 개념과 전략을 요약하며, 질문에 대해 생각하고 자신만의 아이디어를 그려 본 후에는 교사 및 다른 학생과 토론하며 자신이 발견한 내용을 기록하게 합니다. 질문에 대한 학생의 반응을 통해 교사는 학생의 개념 이해 상태를 파악할 수 있겠지요.

수학적 성찰은 학생이 자기만의 수학적 이해와 추론에 대해 소유권 ownership을 가질 수 있도록 용기를 북돋아 주고 문제를 해결하는 과정에서 수학 학습 원리가 지속적으로 작용하고 있음을 직접 깨닫고 인정할 수 있게 도와줄 것입니다.

또 수학적 성찰이 학습 요소의 가장 마지막에 배치됨으로써 수학 학습의 끝은 문제 풀이가 아니라 학습자의 수학적 성찰이어야 한다는 자각으로 전환하게 됩니다. 그래서 수학 학습은 문제를 풀어 답을 맞히는 일이 아니라 학습한 수학 개념에 함유된 정확한 수학적 과정과 수학 학습 원리를 되새기는 것임을 점차 확고히 인지하게 될 것입니다.

수학적 과정을 되돌아보는 질문은 교육부가 요즘 강조하는 과정 중심 평가의 좋은 예시가 됩니다. 정답이 정해져 있는 수학 문제를 풀어 평가하는 방식은 '문제 풀이가 곧 수학'이라는 잘못된 편견을 심어 줄 수 있습니다. 다음과 같은 개념적인 질문을 통해 수학적 성찰을 해나간다면 수학에 대한 긍정적 인식이 확대될 것입니다.

**수학적 과정 되돌아보기(예시)**

이 단원에서 여러분은 다면체의 뜻과 성질을 이용하여 여러 가지 문제를 해결해 보았습니다. 다음 질문에 답하면서 학습 내용을 정리해 봅시다. 여러분의 아이디어에 대해 친구, 그리고 선생님과 같이 토론해 봅시다. 그리고 여러분이 발견한 사실을 정리해 봅시다.

1. 다면체에 이름을 붙일 때 사용한 기준은 무엇인가요?

2. 다양한 입체도형에 대해 꼭짓점, 모서리, 면의 개수를 빠짐없이 세기 위해 어떤 방법을 사용했나요?

3. 주변의 물건을 관찰하여 다면체임을 확인하고 이름을 붙인 후 그렇게 한 이유를 함께 설명해 보세요.

4. 정다면체가 5가지 종류밖에 없는 이유는 무엇인가요?

5. 실생활에서 다면체의 겉넓이를 구해야 하는 상황에는 어떤 것이 있나요? 그렇게 생각한 이유는 무엇인가요?

6. 다면체 모양으로 생긴 물체의 부피를 구하려면 어떻게 해야 하나요? 다면체의 종류에 따라 그 방법을 설명해 보세요.

## 4. 형식적인 복습보다 활동 위주의 복습으로

### 복습할 시간이 없다

현 교과서는 복습 과정을 대단원 시작 부분에 아주 간단하게 별도로 구성하여 제시하고 있지요. 분량은 보통 반 쪽, 길어야 한 쪽 정도입니다. 한 달 정도 지속되는 대단원 전체의 복습을 첫 시간에 잠깐 스치고 지나가는 것이지요.

우리나라는 한 주제를 가르치고 나면 이후 관련되는 다른 개념이 나올 때 이전 개념에 대한 이해가 충분한 것으로 보아 복습 없이 그냥 새로운 개념을 가르칩니다. 그렇기 때문에 여러 가지 이유로 특정 개념을 이해하지 못한 학생은 이후 수학 개념을 학습하는 데 곤란을 느끼게 되고, 결국 과거를 극복하지 못하면 수학을 포기하게 됩니다.

초등학교 연산도 반복하여 학습하기보다 유형을 단계별로 구분하여 매 시간 한 가지를 한 번씩만 가르칩니다. 그러므로 그날 배운 내용은 그날 반드시 소화해야 합니다. 그다음 시간에는 당연히 이전 시간에 배운 것을 알고 있다는 전제 아래 수업이 진행되며, 이전 차시에 배웠던 내용을 복습하지 않습니다. 복습할 시간도 없고 반복 학습이 교과서에 제시되지도 않지요. 그러나 학생의 배움은 그렇게 일어나지 않습니다. 한 번 듣고 바로 이해하는 학생도 있지만 대부분의 학생은 어느 정도 시간과 노력을 들인 후에야 이해하게 됩니다.

## 미국과 핀란드의 복습 과정

미국 교과서는 하나의 내용 요소를 학습하면 이후 단원이나 다른 학년에서 다른 내용과 통합하여 반복 학습할 수 있도록 구성되어 있습니다. 우리나라 교과서는 이전 학습 내용을 반복하지 않으면서 세부적인 학습 내용을 단계형으로 학습하도록 구성되어 있지요. 예를 들면, '소수의 개념 이해 → 소수의 덧셈과 뺄셈 → 소수의 곱셈과 나눗셈 → 소수와 분수와의 관계' 등으로 학습해 나가는 것입니다.

해당 내용을 미국에서는 '소수의 개념 이해, 간단한 덧셈과 뺄셈 → 자연수 연산 적용하기(자릿값 등) → 소수의 학습 총정리'와 같이 이전 학습 내용을 반복하는 동시에 전체 학습 내용을 포괄적으로 다루어 통합하는 형태를 취하고 있습니다. 이는 미국 교과서가 학년별 교과 내용의 연계를 중시하고 있다는 사실을 시사하는 것이지요.

교과서에 복습 과정을 개설하는 것은 학생의 학습 과정에 대한 배려입니다. 핀란드에서는 거의 매 학기 아예 복습 과정이 한 단원으로 주어집니다. 핀란드 교과서 4학년 2학기 5단원의 이름은 복습이고 그 분량은 11쪽에 이릅니다. 6학년 1학기 1단원인 복습과 연습하기는 무려 30쪽이나 됩니다.

4학년 2학기

1단원 나눗셈 → 숙제 → 심화 학습

2단원 분수 → 숙제 → 심화 학습

3단원 소수 → 숙제 → 심화 학습

4단원 단위와 좌표 → 숙제 → 심화 학습

5단원 복습


6학년 1학기

1단원 복습과 연습하기 → 숙제 → 심화 학습

2단원 소수 → 숙제 → 심화 학습

3단원 도형 → 숙제 → 심화 학습

4단원 응용 학습


## 출발선을 맞추기 위한 복습 과정이 살아 있는 교과서

인지능력과 학습 환경 등의 차이로 모든 학생은 저마다 학습 속도가 다릅니다. 그리고 수학은 각 개념의 계열성이나 위계성이 강하기 때문에 이전 개념에 대한 인지가 부족하면 새로운 개념 학습에 걸림돌이 될 수 있습니다. 따라서 수학 수업에서는 매 시간 선수 개념 인지 정도를 확인할 필요가 있습니다. 그래야 가급적 많은 학생이 같은 출발선에 서서 본 수업에 들어갈 수 있습니다.

그런데 복습 과정이 대단원 시작 부분에 따로 구성돼 있는 탓에 실제 수업은 대부분 복습 없이 바로 본문에서부터 시작하는 것이 현실이지요. 따라서 대단원 맨 앞에 복습 과정을 따로 구성하지 않고 본문의 탐구 활동으로 제시하는 방법을 고려할 수 있습니다. 교육과정에서는 보통 하나의 수학 개념이 6개월 또는 1~2년 정도의 간격으로 연결되는데, 학교가 처한 환경에 따라 복습 활동을 건너뛸 수는 있지만, 1년 이상의 공백을 메우기 위해 복습 활동은 반드시 필요합니다. 이렇게 하면 선택이나 생략의 여지를 줄일 수 있습니다. 복습 과정을 새로 배울 과정과 따로 구분하지 않음으로써 둘 사이를 자연스럽게 연결하려는 의도이기도 하고요.

## 선수 지식을 활용하는 유의미 학습이 필요하다

다음 과제는 복습 과정을 탐구 활동으로 엮은 것입니다.

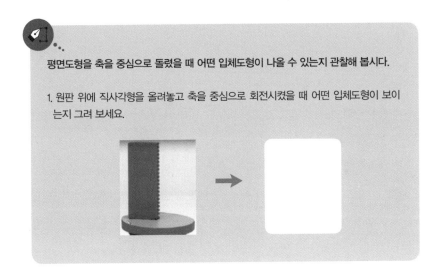

평면도형을 축을 중심으로 돌렸을 때 어떤 입체도형이 나올 수 있는지 관찰해 봅시다.

1. 원판 위에 직사각형을 올려놓고 축을 중심으로 회전시켰을 때 어떤 입체도형이 보이는지 그려 보세요.

1번은 초등학교에서 경험한 활동을 비슷하게 재현하는 과정이고, 2번은 새롭게 학습해야 하는 내용입니다. 이렇게 복습과 새로 배울 내용이

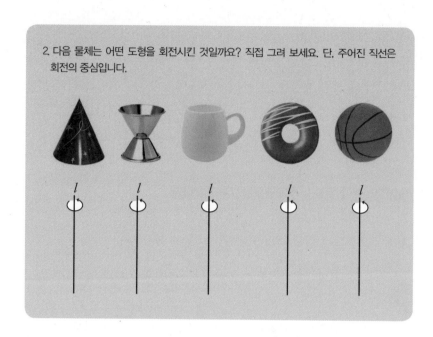

2. 다음 물체는 어떤 도형을 회전시킨 것일까요? 직접 그려 보세요. 단, 주어진 직선은 회전의 중심입니다.

섞여서 통합되면 복습을 하는 동안 선수 개념이 부족한 아이들을 준비시킬 수 있습니다.

중 1에서 회전체를 가르칠 때, 이전에 이 부분을 어디까지 다루었는지 알아보는 것이 복습이지요. 이 복습이 있으나 마나 하게 흘러가지 않으려면 탐구 활동 속으로 들어가 새로 배우는 학습 내용과 혼합되어야 합니다. 그래야 이 활동이 반드시 수업에 구현될 수 있습니다.

학교에서 가르치는 대부분의 학습 과제는 상호 계열성이 있는 것이므로 먼저 학습된 지식은 다음에 학습될 지식을 포섭하는 역할을 합니다. 즉, 새로운 지식을 이해하고 해석하는 데 이 지식과 관련된 선수 지식을

지금 가르치는 게 수학 맞습니까?

조회하여 연결하는 방법을 사용하는 것이지요. 학습자가 새로운 학습 과제를 맹목적으로 그저 암기할 뿐 선수 지식에 관련시키지 않는다면 그건 기계적 학습에 그치고 맙니다. 학습 과제를 자기가 알고 있는 것에 결부시켜 의미가 통하게 함으로써 그걸 기억하려 해야만 의미 있는 학습이 일어날 수 있습니다. 유의미 학습이 필요합니다. 선수 지식이 부족하다면 복습을 통해서라도 연결성을 끌어내야만 하지요.

## 5. 저수준의 확인 문제가 아닌 고수준 사고 문제로

### 저수준의 과제와 일방적인 개념학습

현 교과서에는 주로 계산하여 답을 구하는 문제, 암기한 개념과 공식을 적용하여 해결하는 문제가 나옵니다. 이러한 문제를 풀이하는 과정에서는 높은 수준의 사고가 필요하지 않지요. 또한 개념을 배울 때마다 예제를 통해 문제 푸는 과정을 일일이 시범적으로 보여 주는데, 이는 학생에게 모방 학습을 강요하는 것과 같습니다.

우리나라 수학교과서에 실린 문제는 대부분 낮은 수준의 사고를 요한다는 사실이 여러 연구에서 드러났습니다. 교과서가 개념을 발견하고 형성하도록 이끄는 구성이 아니라 처음부터 개념과 성질을 주입식으로 가르치는 구성인 탓이겠지요. 이런 구조에서는 이후 이어지는 학습이 문제를 푸는 일일 수밖에 없고, 그 문제라는 것도 주입식으로 가르친 개념을 곧바로 이용하거나 공식, 성질을 기계적으로 이용하면 해결되는 수준일 수밖에 없습니다.

### 스미스와 스테인의 수학 문항 분석 틀

| 인지적 노력 수준 | 낮은 수준(Low-Level) | | 높은 수준(High-Level) | |
|---|---|---|---|---|
| | 암기한 내용만으로 해결되는 과제 | 간단한 절차만으로 해결되는 과제 | 개념을 연결해야 해결되는 과제 | 수학적으로 해석해야 해결되는 과제 |
| 설명 | 이전에 학습한 수학적 사실, 규칙, 공식, 정의 등을 재현하거나 이러한 것들을 단순히 기억에 의존하여 적용하는 과제. | 과제 수행을 위해 무엇을 어떻게 해야 하는지가 분명히 제시된 과제. 여기에는 과제에 대한 이전 지식, 경험 등과 같은 근거에 의한 알고리즘적 절차가 존재한다. | 학습한 개념의 성질, 과정, 의미를 고려하여 비교, 토론, 증명하는 수학 과제. 과제에 내재되어 있는 개념적 아이디어와 밀접한 연관성을 가진 일반적 절차를 따르게 하는 경로를 제안한다. | 과제에 대한 해결 전략과 다양한 해결 방법의 가능성을 탐구하도록 유도하는 과제. 상당한 인지적 노력을 요구한다. 학생들은 해결 과정을 예측할 수 없는 과제의 성질 때문에 걱정하거나 불안해하기도 한다. |

홍창준, 김구연(2012)이 우리나라 2007 개정 교육과정을 따르는 중학교 수학교과서 다섯 종의 함수 단원에 나온 총 397개의 과제를 위 분석 틀에 따라 분석한 결과, 낮은 수준(Low-Level)의 과제는 95퍼센트, 높은 수준(High-Level)의 과제는 5퍼센트인 것으로 나타났습니다.

이로써 우리나라 중학교 수학교과서에는 대부분 알고리즘적이고 간단한 절차만으로도 해결할 수 있는 과제가 제시된 것을 알 수 있습니다.

김미희, 김구연(2013)은 우리나라 고 1 수학교과서 중 대표적인 두 권에 나온 총 2,565개의 과제를 앞의 분석 틀에 따라 분석하였습니다. 그 결과, 낮은 수준의 과제는 94퍼센트, 높은 수준의 과제는 6퍼센트인 것

지금 가르치는 게 수학 맞습니까?

중학교 수학교과서 5종의 함수 단원에 나오는 수학 과제 분석 결과

| 교과서      인지적 노력 수준(%) | 낮은 수준 | 높은 수준 |
|---|---|---|
| A | 93 | 7 |
| B | 94 | 6 |
| C | 92 | 8 |
| D | 100 | 0 |
| E | 99 | 1 |
| 평균 | 95 | 5 |

고 1 수학교과서 2종 전체 단원에 나오는 수학 과제 분석 결과

| 교과서      인지적 노력 수준(%) | 낮은 수준 | 높은 수준 |
|---|---|---|
| A | 93 | 7 |
| B | 94 | 6 |
| 평균 | 94 | 6 |

으로 나타났습니다.

수학 개념을 학생이 스스로 학습하고 자기주도적으로 발견하도록 유도하면 개념적인 질문과 문제가 많이 제시될 수 있겠지만, 개념을 처음부터 가르쳐 버리면 그걸 암기하고 습득한 결과를 이용하는 문제가 제시될 수밖에 없습니다. 이런 문제는 사고력을 요하지 않으니 이제 같은 패턴이 반복될 일만 남게 됩니다.

미국수학교사연합회NCTM는 2000년에 이미 높은 수준의 과제는 학생들의 이해력 및 사고력을 길러 주고 문제 해결력, 추론 능력, 의사소통 능력 등을 향상시키는 기회를 제공할 뿐 아니라, 수학적 아이디어를 논리적 구조로 발전시키고 서로 연결시킬 수 있도록 학생들을 자극한다는 의견을 내놓았습니다. 이를 고려하면 우리나라 교과서에 제시된 낮은 수준의 문제는 학생이 수학적 문제 상황을 수리적, 논리적 사고를 통해 합리적으로 해결하는 능력과 태도를 기르도록 기능한다는 수학교육의 목표를 충분히 뒷받침하지 못한다는 사실을 의미하지요.

전형적으로 예제는 그 문제를 해결하는 과정을 시범적으로 보여 줍니다. 그 밑에 나오는 문제는 예제와 똑같거나 비슷한 방법을 이용하면 대부분 해결되고요. 그러므로 예제를 풀고 바로 똑같거나 비슷한 문제를 풀 때는 예제 없이 문제를 풀 때보다 문제 해결에 드는 사고 강도가 약할 수밖에 없습니다.

## 미국 교과서의 사고 수준

스테인 등의 연구 결과, 미국의 초등학교 교과서『에브리데이 매시매틱스Everyday Mathematics』,『인베스티게이션Investigations』의 높은 수준 과제 비율은 각각 91퍼센트, 높은 수준 과제의 비율은 100퍼센트인 것으로 나타났습니다(홍창준, 김구연, 2012에서 재인용). 미국 뉴욕 주에서 현재 사용하는 중학교 교과서『커넥티드 매시매틱스』의 최대공약수와 최소공배수 단원에 나온 문제의 수준을 분석한 결과는 총 173개 과제 중 34개(19.7%)가 낮은 수준의 문제이고, 나머지 139개(80.3%)가 높은 수준의 문제인 것으로 나타났습니다.

다음은 『커넥티드 매시매틱스』의 소수 단원에 나온 약수 게임입니다. 소수에 관한 학습을 위해 먼저 복습 과정으로 약수를 다룬 다음 소수의 개념으로 나아가지요.

**약수 게임 방법**

1. A가 수 하나를 선택하고 그 수에 원을 그린다.
2. B는 A가 택한 수의 약수를 모두 찾아 그 수에 다른 색으로 원을 그린다. 이미 원이 그려진 수는 선택할 수 없다.
3. 다시 B가 새로운 수에 원을 그리면, A가 새로운 수의 약수를 모두 찾아 그 수에 원을 그린다.
4. 두 사람이 차례로 수를 선택하고 약수를 찾는다.
5. 수를 택했을 때 원을 그릴 약수가 없으면 다음 순서로 넘어간다. 이때 점수는 인정되지 않는다.
6. 원을 그릴 약수가 하나도 없을 때 게임은 끝이 난다. 각자 자기가 그린 원의 수를 계산하여 높은 점수를 얻은 사람이 이긴다.

| 1 | 2 | 3 | 4 | 5 |
|----|----|----|----|----|
| 6 | 7 | 8 | 9 | 10 |
| 11 | 12 | 13 | 14 | 15 |
| 16 | 17 | 18 | 19 | 20 |
| 21 | 22 | 23 | 24 | 25 |
| 26 | 27 | 28 | 29 | 30 |

게임 후에는 여러 가지 질문을 제시함으로써 스스로 다양한 성질을 발견하도록 유도합니다. 질문에서 원하는 사고 수준은 상당히 높습니다.

- 처음에 어떤 수를 택했나요? 이유가 무엇인가요?
- 한 수가 다른 수의 약수라는 것을 어떻게 알았나요?

- 약수를 하나 알면 또 다른 약수를 찾을 수 있나요? 이유가 무엇인가요?

- 18의 약수를 나열하세요. 18을 나누는 수를 나열하세요. 약수와 나누는 수가

**미국 교과서(『Prime Time』)의 연습 문제**

**57. 40 이하의 수 중에서 5의 배수와 4의 배수를 나열하여라.**

a. 벤다이어그램의 공통부분에는 어떤 수가 있나?

b. 5와 4의 최소공배수를 찾기 위해 내가 그린 다이어그램을 어떻게 이용할 수 있는지 설명해 보아라. 최소공배수는 얼마인가?

c. 40보다 큰 수까지 생각한다면 공통부분에 있게 될 수를 5개 더 나열해 보아라. 어떤 수든 사용할 수 있다면 공통부분에 들어갈 수 있는 가장 큰 수는 무엇이겠나?

**58. 48 이하의 수 중에서 6의 배수와 8의 배수를 나열하여라.**

a. 벤다이어그램의 공통부분에는 어떤 수가 있나?

b. 6과 8의 최소공배수를 찾기 위해 내가 그린 다이어그램을 어떻게 이용할 수 있는지 설명해 보아라. 최소공배수는 얼마인가?

c. 이 벤다이어그램과 57번에서 그린 벤다이어그램을 비교해 보아라. 어떤 점이 비슷한가? 서로 다른 점은 무엇인가?

**60.** 에릭과 친구들이 도미노를 이용해 곱셈을 하고 있다. 도미노의 각 절반에는 점이 찍혀 있다. 점은 0개부터 6개까지 있다. 학생들은 도미노의 두 수를 인수로 사용한다. 오른쪽 도미노를 보고 에릭은 "12"라고 말할 것이다.

a. 도미노 위의 두 수로 만들 수 있는 최대 곱은 얼마인가?

b. 도미노 위의 두 수로 만들 수 있는 최소 곱은 얼마인가?

c. 도미노의 각 절반에는 7개(0~6)의 서로 다른 수가 올 수 있으므로, 에릭은 서로 다른 곱이 49가지 나올 것이라고 추론했다. 그런데 이건 너무 많다. 에릭은 무엇을 무시했나?

지금 가르치는 게 수학 맞습니까?

같나요? 추론을 설명해 보세요.

- 약수가 많은 수의 예를 들어 보세요. 약수가 적은 수의 예를 들어 보세요.
- 주어진 수의 약수를 모두 찾았다는 것을 어떻게 확인할 수 있나요?

앞의 문제는 탐구 활동 후에 나오는 실제 연습 문제의 일부입니다. 앞에서 배운 개념이나 공식을 단순히 적용하면 해결되는 문제는 아닙니다. 매 문제마다 답변을 하기 위해서는 높은 수준의 사고가 요구됩니다.

수학 과제의 수준은 수학 수업의 질을 결정하는 데 큰 영향을 끼칩니다. 수학 수업에 있어 교사의 수업 방법과 학생의 사고 과정이 수학 과제에 의해 많은 영향을 받는다는 연구 결과를 감안하면 교과서에 제시된 문제의 실질적인 변화가 교실 수업의 긍정적 변화를 이끄는 데 적지 않은 역할을 할 것으로 판단할 수 있습니다.

## 사고를 요하는 열린 질문을 담은 교과서

교과서가 개념을 발견하도록 이끄는 방향으로 구성되어 있다면 이 과정에서 제시되는 질문은 보통 깊이 있는 수학적 사고를 요하는 높은 수준의 문제입니다. 이때 수준이 높은 문제가 꼭 어려운 문제는 아닙니다. 새로운 것을 깨달아 가는 과정을 거치다 보면 고도의 사고를 요하는 문제가 저절로 나오기도 하거든요.

개념을 발견하고 개념적인 고민을 하는 과정에서 학생은 깊이 있고 근본적인 사고를 하게 되며, 이때 수학적 사고력은 확장될 수 있습니다. 그러므로 주입식 수업을 위한 교과서가 아닌 발견 학습을 위한 교과서를 개발하면 그 교과서 속에 이런 과제가 자연스럽게 담길 것으로 예상할 수 있습니다. 그렇다면 의도적으로 사고하게끔 유도하는 높은 수준의 문제를 개발하는 과정도 필요할 것입니다.

계속 주어지는 탐구 활동 자체가 과제의 연속입니다. 암기한 수학 개념을 적용하면 간단히 해결되는 문제보다 다양한 사고를 유발하는 열린 질문을 제공함으로써 토론 활동과 사고력 향상을 꾀해야 하겠습니다.

## 비정형 문제를 주어야 한다

선행학습이 유행하는 요즘 같아서는 학생이 미리 진도를 나가기 때문에 교사가 수업을 계획하고 진행하는 데 어려움이 많습니다. 박성숙은 『꼴찌도 행복한 교실』에서 독일에서는 수업에 대한 예습이 교사의 수업을 방해하는 행위로 엄격히 금지된다고 하는데 우리나라에서는 꿈 같은 얘기입니다. 독일에서는 학생이 자주 예습을 하여 교사가 가르치지 않은 내용을 이미 알고 있으면 그 학생을 아예 월반시킨다고 하니, 교사의 권한이 부러울 뿐입니다.

요즘 시중에 유행하는 문제집 중 유형 탐구에 관한 것이 있지요. 수학 문제를 유형별로 분류하고 암기함으로써 수학 실력을 높이려는 의도로 보이는데, 이미 그 의도에 모순이 있음을 지적하지 않을 수 없습니다. 암기함으로써 수학 실력을 쌓는다는 건 어림도 없는 얘기입니다. 수학을 공부하는 데 암기가 전혀 필요 없는 것은 아니지만 반성적 사고 없이 암기만으로 도달할 수 있는 수준이라는 것에는 분명 한계가 있지요. 이해하지 않는 수학 학습이 가능할까요?

비정형 문제는 학생을 당황시키면서 수업에 집중하게 합니다. 실제로 정형적인 문제를 제시하면 암기에 의존한 학습이 주로 이루어지고, 반성적 사고가 일어나기는 어렵습니다. 다음 마방진魔方陣 문제를 볼까요.

다음 표에 가로, 세로, 대각선의 수의 합이 모두 같도록 −4부터 4까지의 정수를 한 번씩 써 넣으세요.

|  |  | −3 |
|---|---|---|
| 0 |  |  |
|  |  | 1 |

이 문제에는 답이 없습니다. 주어진 조건으로 칸을 채우는 것은 애초에 불가능합니다. 항상 정답이 존재하는 문제만 접하다가 이런 비정형 문제를 접하면 어떻게든 답을 찾으려 노력하다가 오른쪽과 같이 틀린 답을 내고 맙니다. 가로와 세로만

| 4 | −1 | −3 |
|---|---|---|
| 0 | −2 | 2 |
| −4 | 3 | 1 |

그 합이 0이 되도록 맞췄을 뿐 대각선의 수의 합은 0이 되지 않지만 이렇게라도 내놓는 것이지요. 답이 없는 경우가 있을 수 있고, 문제가 틀렸을 수도 있다는 데까지는 생각이 미치지 않는 것입니다.

고 1 수학 수업의 비정형 과제로 다음의 예를 들 수 있습니다. 이 과제는 고 1 이차방정식 단원에서 근과 계수의 관계를 알아보고 난 후 종합적 사고를 유도해 보고자 할 때 제시할 수 있습니다.

$\alpha + \beta = -5$이고 $\alpha\beta = 1$일 때, $\sqrt{\alpha} + \sqrt{\beta}$의 값을 구하여라.

이 정도 과제는 최소 10분간은 각자 해결해 보도록 해야 합니다. 이때 교사는 학생들의 해결 과정을 정밀하게 확인하면서 수업 방향을 찾습니다. 수업 시간이 50분임을 생각할 때 10분이라는 시간은 상당히 길게 느껴지겠지만, 학생들은 그 10분 동안 혼자 생각해 보기도 하고, 옆 친구와 대화를 통해 부족한 점을 채워 나가기도 하며, 다른 친구의 풀이에 대해 의견을 주고받기도 합니다.

보통은 과제를 제시하고 바로 어떤 학생이라도 해결할 기미가 보이면 교사는 수업을 진행하고 말지요. 이는 많은 학생이 수업에 참여할 기회를 박탈하는 결과를 초래합니다. 학생들은 각자가 스스로 반성적으로 사고할 기회를 보장받아야 수업에 주체적으로 참여할 수 있는데, 똑똑한 한 명의 학생이 수업을 주도하게 만들면 나머지는 반성적 사고를 할 기회도 없이 객체로서 끌려가게 되지요. 의사소통의 기회마저도 주어지지 않으니 조용한 수업이 될 수밖에 없고요.

10분은, 길기는 하지만 학생 대부분이 이 과제에 대하여 자기 나름의 반성적 사고를 해보도록 제공하기 어렵지 않은 시간입니다. 세 학생 A, B, C가 나눈 다음의 대화 기록을 통해 이들이 여기서 무슨 사고를 하며,

각자 가진 도구를 적절히 사용하는지 관찰해 봅시다.

학생 A : 근과 계수의 관계를 생각하면 α, β는 이차방정식 $x^2+5x+1=0$의 두 근인데 좌변이 인수분해되지 않으니 이를 어쩌지?

학생 B : 바보야. 인수분해되지 않을 때는 근의 공식으로 이차방정식의 근을 구하고 거기에 루트를 씌우면 되잖아. 근의 공식을 적용하면 $x=\dfrac{-5\pm\sqrt{21}}{2}$ 이고, 이제 여기에 루트를 씌워 보자. 그런데 분수가 복잡해서, 여기에 루트를 씌워서 나오는 이중근호가 풀리려나?

학생 A : 글쎄 한번 해보자. $\sqrt{\alpha}+\sqrt{\beta}=\sqrt{\dfrac{-5+\sqrt{21}}{2}}+\sqrt{\dfrac{-5-\sqrt{21}}{2}}$ 인데, 루트 앞에 2가 없구나. 그런데 루트 속의 21로 2를 만들려면 $\sqrt{21}=2\sqrt{\dfrac{21}{4}}$ 로 고쳐야 해. 점점 더 복잡해지는걸.

학생 C : 이중근호 풀려다 더 복잡해지겠다. 전에 선생님이 루트 속에서 자연스럽게 2가 나오지 않을 때는 분자와 분모에 각각 2를 곱할 수 있다고 하셨어.

$$\sqrt{\frac{-5+\sqrt{21}}{2}}+\sqrt{\frac{-5-\sqrt{21}}{2}}=\sqrt{\frac{-10+2\sqrt{21}}{4}}+\sqrt{\frac{-10-2\sqrt{21}}{4}}$$

$$=\frac{\sqrt{-7}+\sqrt{-3}}{2}+\frac{\sqrt{-3}-\sqrt{-7}}{2}$$

$$=\frac{2\sqrt{-3}}{2}=\sqrt{3}\,i$$

학생 B : 이상한데? $\dfrac{\sqrt{-3}-\sqrt{-7}}{2}$ 에서 왜 $\sqrt{-3}$ 이 앞에 왔어? $\sqrt{-7}$ 이 더 크지 않아? 그런데 허수는 크기를 비교할 수 없다고 했잖아.

학생 A : 만약 $\dfrac{\sqrt{-3}-\sqrt{-7}}{2}$ 대신 $\dfrac{\sqrt{-7}-\sqrt{-3}}{2}$ 이 되면 답이 달라지는 것 아니야?

자, 봐봐.

$$\sqrt{\frac{-10+2\sqrt{21}}{4}} + \sqrt{\frac{-10-2\sqrt{21}}{4}}$$

$$= \frac{\sqrt{-7}+\sqrt{-3}}{2} + \frac{\sqrt{-7}-\sqrt{-3}}{2} = \frac{2\sqrt{-7}}{2} = \sqrt{7}\,i$$

학생 B : 도대체 뭐가 맞는 걸까? 루트 속 음수를 $i$로 빼내면 각각 $\sqrt{3}\,i$와 $\sqrt{7}\,i$ 가 되는데, $i$를 제외한 나머지 무리수 부분을 비교해서, 큰 것에서 작은 것을 뺄까?

학생 C : 나도 잘 모르겠다. 선생님께 여쭤 보자.

주어진 과제가 가진 특성을 정리해 볼까요? 주어진 과제만 보면 무리식의 계산에 관한 문제 같은데, 실제로는 이차방정식의 근과 계수의 관계에 대한 문제이지요. 거기다 이차방정식의 근의 공식을 이용해야 하는 부분이 있고, 다시 이중근호를 풀어야 하는 무리식의 계산으로 돌아옵니다. 분자와 분모에 동시에 2를 곱해서 변형을 해야 하니 전형적인 이중근호 문제보다 좀 더 깊게 사고해야 합니다. 즉, 주어진 과제는 학생들이 자신이 가진 개념을 충분히 연결할 수 있도록 주어져 있는데, 이미 알고 있는 여러 개념을 잘 조화시켜서 엮어야만 비로소 해결할 수 있습니다. 높은 수준 수업에 적합한 과제라고 볼 수 있습니다.

주어진 과제에는 많은 개념이 섞여 있습니다. 그 관계를 파악하기 위해 학생들이 반성적 사고를 하도록 유도하고 있지요. 수학에서의 과제는 학생의 수준에 따라 달라져야 합니다. 물론 낮은 성취도를 보이는 학생에게도 이와 같은 과제를 제시할 수 있지만 걸리는 고비마다 교사가 적절한 안내를 주어야 해결할 수 있을 것입니다. 낮은 성취도를 보이는 학생에게 이런 문제가 주어지고 아무런 안내가 없다면 자기의 도구만으로는 이를 해결하기가 쉽지 않을 것이고, 따라서 이 과제는 그들에게 적절한 과제가 될 수 없습니다.

잘 살펴보면 대화 속 세 학생 A, B, C는 저마다 성취 수준이 다릅니다. 그들이 인간이라는 증거이기도 하지요. 서로 똑같은 사람이 존재하지 않듯이 수학에 대한 수준이나 생각이 똑같은 학생 역시 존재하지 않습니다. 특정 개념마다 학생들은 서로 다른 사고를 하고 있으며, 저마다 성취 수준도 다릅니다. 하지만 각기 다른 수준에서 문제에 접근하여 나름대로의 반성적 사고를 하고, 각자의 반성적 사고를 통해 의사소통을 하고 있습니다. 수학의 매 시간에 이와 같은 반성적 사고와 의사소통이 이루어진다면 이는 실로 바람직한 수업이라고 할 수 있겠지요.

과제를 좀 더 살펴보지요. $\alpha+\beta=13$, $\alpha\beta=36$이면 두 수는 4와 9, 구하는 답은 5임을 바로 알 수 있습니다. 연립방정식으로 해결할 수도 있고, 이차방정식의 근과 계수의 관계를 이용할 수도 있습니다. 이런 경우에는 근의 공식을 사용하지 않게 되고, 이중근호를 푸는 일도 일어나지 않아 높은 수준 수업에 적합한 과제로 볼 수 없습니다. 즉, 수학적으로 발전 가능성이 전혀 없는 과제가 되고 맙니다. 수학적 매력이 없는 문제를 푸는 동안 학생들은 아무런 사실을 발견할 수 없고, 중요한 개념도 사용하지 않습니다. 결과적으로 아무런 학습이 일어나지 않아 따분한 시간을 보낼 뿐입니다.

만약 α+β=8, αβ=4라고 주어진다면 이차방정식 $x^2 - 8x + 4 = 0$의 두 근을 구해야 하므로 근의 공식을 사용해야 하고, 이때 두 근은 $x = 4 \pm 2\sqrt{3}$이므로 이중근호를 풀어야 합니다. 하지만 이중근호 앞에 2가 곱해져 있어 전형적 형태의 이중근호 풀이 방법을 알면 해결할 수 있으므로 이는 수준이 중간 정도인 수업의 과제로 적합할 것입니다. $\sqrt{α}+\sqrt{β}$를 제곱해서 해결하는 방법도 있습니다.

## 수치 선택의 묘미

수치의 미묘한 선택이 학습목표를 바꿀 수 있습니다. 다음 예시를 보지요. 초등학교 5학년 수업의 일부입니다.

> 한 시간에 55km를 달리는 차가 있다.
>
> 과제 ① 2시간 동안 달린 거리를 구하여라.
>
> 과제 ② 30분 동안 달린 거리를 구하여라.
>
> 과제 ③ 15분 동안 달린 거리를 구하여라.

초등학교 5학년 정도면 과제 ①에서 55킬로미터의 두 배인 110킬로미터가 답이 됨을 간단히 구할 것입니다. 과제 ②에서도 55킬로미터를 $\frac{1}{2}$한 27.5킬로미터라는 답을 어렵지 않게 구할 수 있습니다. 핵심은 과제 ③입니다. 15분 동안 달린 거리를 구하기 위해서는 27.5의 $\frac{1}{2}$을 구하든지 55의 $\frac{1}{4}$을 구해야 합니다. 소수점 아래 둘째 자리까지 구해지는 계산은 초등학교 5학년에게 간단하지 않습니다. 학생의 학습 수준이 확연하게 드러나며, 드러난 수준 차이는 의사소통을 필요로 합니다. 반성적인 사고 또한 유발됩니다. 만약 차가 한 시간에 60킬로미터를 달린다고 하면 이들 과제는 아무런 사고를 유발하지 않을 것입니다. 순서대로 120킬로미터, 30킬로미터, 15킬로미터라는 답이 나오는데, 이런 과제는 초등학교 3학년도 충분히 해결할 수 있을 것입니다.

## 6. 영역 간 분리 상태를 극복하여 연결과 통합으로

### 분절적인 학문 중심적 교육과정

우리나라 수학과 교육과정은 일회성, 단절성, 배타성의 경향이 강하고, 핵심 내용이 반복·심화·확대되는 나선형이기보다 내용이 한 번 소개되고 다음 내용으로 넘어가는 단선형의 특징을 보입니다. 또한 핵심 내용을 다양한 관점에서 접근하기보다 한 내용 영역에서 제한적으로 학습하게 되어 있고, 여러 내용 영역이 통합적으로 조직되어 내용 체계를 이루기보다 서로 배타적으로 병립하고 있는 경향을 보입니다. 교과서마저도 이런 한계를 극복하지 못하고 분리적인 성향을 드러냅니다.

우리나라 교과서는 교육과정 영역과 거의 대동소이하게 분리되어 있습니다. 교육과정은 학문적 특성을 고려하여 수와 연산, 문자와 식, 함수, 기하, 확률과 통계의 다섯 개 영역으로 구분하더라도 교과서는 학습자의 특성을 고려하여 통합적으로 구성해야 합니다. 보다 바람직한 것은 성취기준 자체가 통합의 성격으로 구성되는 것입니다.

우리나라 초등학교와 중학교 수학교과서는 모든 단원이 다섯 개의 영역별로 별도 구성되어 있습니다. 중학교 교과서를 보면 1학기에 학습하는 앞부분에 수와 연산, 문자와 식, 함수 단원이 순서대로 나열됩니다. 간단하게 생각하면 학생들은 수와 연산에서 학습한 내용을 기초로 문자와 식을 학습하고, 수와 연산, 문자와 식 단원에서 학습한 내용을 토대로 함수 단원을 학습합니다. 학생들은 수와 연산, 문자와 식 단원을 학습하면서 장래에 학습할 함수를 위한 기초 연산을 지루하게 견디는 과정을 인내하지 못하고 수학에서 멀어져 갑니다.

2009 개정 교육과정에는 교수·학습상의 유의점에 "인수분해는 이차방정식의 해를 구하는 데 필요한 정도로 다룬다"고 되어 있습니다. 하지만 실제로 학생들이 배우는 교과서의 내용을 살펴보면, 일부 교과서에서는 두 문자 이상이 포함된 식의 인수분해나 치환을 이용한 복잡한 식의 인수분해까지 다루고 있습니다. '이차방정식의 해를 구하는 데 필요한 정도'라는 애매한 표현은 교과서 저자에 따라 다양하게 해석될 수 있습니다. 이러한 문제는 인수분해를 이차방정식과 통합하여 그 하위 요소로 넣으면 보다 명확하게 해결됩니다. 이차방정식 단원 속에 있는 인수분해는 당연히 이차방정식의 해를 구하는 데 필요한 정도로만 다루게 됩니다. 이런 의미에서 수와 연산, 문자와 식, 함수의 세 단원 중 가능한 한 많은 부분을 함수나 방정식으로 통합하여 가르치는 방안을 모색해야 합니다. 교육과정은 학문의 위계상 영역별로 구성되는 것이 바람직하지만,

지금 가르치는 게 수학 맞습니까?

교과서에서 세 단원을 최대한 통합하면 학습 내용이 경감되고, 그 내용 간의 연결이 긴밀해지는 효과가 발생할 것입니다.

영역 간 통합이나 연결성을 충분하게 구현하지 못하고 분절된 채로 교과서가 구성되면 학생들은 수학의 각 개념과 지식의 일관성을 발견하기 어렵습니다. 수학의 각 개념을 따로따로 학습하면 수학 개념 사이의 의미 있는 통합을 이루어 내기 어렵습니다. 단편적인 지식 위주로 학습하게 되지요. 지금 교과서에서 보는 대로 이차식, 이차방정식, 이차부등식, 이차함수, 이차곡선 등을 대수, 해석, 기하 영역에서 각각 따로 다루면 그 연관성이 명료하게 드러나지 못하고 학습량은 불필요하게 증가합니다.

수와 연산, 문자와 식, 도형과 같이 학문적 기준으로 나누어진 영역별 교육과정은 기성세대에게는 이해가 쉽지만 수학을 영역별로 이해하지 못하는 현세대에게는 익숙하지가 않습니다. 또 분절적인 영역별 교육과정은 학습 내용과 실생활의 괴리감을 좁히지 못할 뿐 아니라 폭발적으로 늘어나고 변화하는 지식을 따라가지 못해 과거의 무가치한 지식이 되어 버리고 맙니다.

## 핀란드, 미국, 영국 교과서의 영역 간 통합

외국 교과서에서는 영역 간 통합을 시도하기 위해 많은 노력을 합니다. 특히 대수 영역(수와 연산, 문자와 식, 함수)의 통합이 우리와는 많이 다르지요. 수와 연산, 문자와 식 영역을 이후에 이어지는 함수와 별도로 구성하지 않고 이를 통합하여 하나로 엮거든요. 또 규칙성이나 자료 정리 등의 영역은 별도로 독립하여 구성하기보다 다른 영역 속에서 같이 학습되어야 합니다. 핀란드 초등학교의 경우, 교육과정은 수와 계산, 대수, 기하, 측정, 자료 처리와 통계 등 다섯 개의 영역으로 구분되지만 교과서를 보면 자료 처리와 통계 단원은 5학년 2학기에만 명시적으로 나타납니다. 다른 시기에는 통계를 연산 영역이나 기하 영역에 통합하여 다룹니다. 예를 들어 핀란드 4학년 1학기 교과서의 첫 단원인 덧셈과 뺄셈(0~9999)에서는 통계 영역의 꺾은선그래프를 다룹니다. 지루하고 단순한 연산을 실제적인 사용처와 같이 다루면 학생들은 왜 그 연산을 해야 하는지를 의심 없이 받아들이고, 필요성을 저절로 인식하게 됩니다.

미국 교과서에서는 소수 단원을 도형이나 측정 영역과 통합하여 구성함으로써 학습의 계열성과 개념의 실생활 적용에 큰 비중을 둡니다. 초등학교 2학년의 경우 여러 가지 도형을 학습한 후에 그 도형을 활용하여 '똑같이 나누기'를 학습할 수 있도록 하고, 초등학교 3학년의 경우에는 분수와 소수를 전 차시에서 학습한 후 길이, 무게 단위에서 활용하도록 구성되어 있습니다. 소수 단원은 4학년 때만 명시적으로 나오지만, 실제로는 다양한 단원과 연계하여 반복적으로 학습할 수 있도록 다른 단원과 학년에 통합되어 있습니다.

영국의 2007 개정 교육과정Key Stage은 영역 사이의 연결 관계를 확실히 하도록 권고합니다.

**1단계에서, 교수는 수 영역과 도형, 공간과 측정 영역 사이에 형성되는 적절한 연결 관계를 확실히 해주어야 한다.**

2단계에서, 교수는 수 영역, 도형, 공간과 측정 영역과 자료 처리 영역 사이에 형성되는 적절한 연결 관계를 확실히 해주어야 한다.

3~4단계에서, 교수는 수와 대수 영역, 도형, 공간과 측정 영역과 자료 처리 영역 사이에 형성되는 적절한 연결 관계를 확실히 해주어야 한다.

## 분절된 개념에 연결성을 확보해야 한다

듀이는 학생들의 삶은 통합적이지만 전통적인 학교는 분절적인 교과 교육을 실시하기 때문에 학교에서 배운 내용이 실생활에는 영향을 주지 못한다고 지적하면서 경험 중심 통합 교육을 주장했습니다. 영역 간 경계를 허무는 통합 교육과정이 필요합니다. 수학과 교육과정의 문서 구성은 학문적 특성을 고려하여 다섯 개 영역으로 구분하더라도 교과서는 학습자의 특성을 고려하여 통합적으로 구성해야 합니다. 프로이덴탈도 함수, 그래프, 방정식을 대부분의 교과서에서 서로 다른 장으로 분리하여 다루는데, 이들 학습 영역 역시 연결되어야 한다고 주장하였습니다.

내용 조직에 있어 연속성, 계열성, 통합성을 높이려면 수학 내용을 한 영역에서만 단편적으로 가르칠 것이 아니라 여러 내용 영역에서 통합적으로 다루어야 합니다. 수학의 개념은 분절된 것이 아니라 일관성을 가지고 연결되었을 때 논리적 모습을 갖추게 됩니다. 논리적 일관성을 경험한 학습자는 수학에 대한 내적 동기를 지니게 되어 수학을 좋아하는 학습자로 성장하게 됩니다.

통합은 두 가지 측면에서 이루어질 수 있는데, 하나는 수학 내부 영역 사이의 통합이고, 다른 하나는 수학 외부의 실생활 경험이나 다른 학문과의 통합입니다. 현 교과서는 학문적 입장에서 기술된 교육과정의 목차와 구분을 그대로 따르고 있어 각 영역이 분절되는 성격을 강하게 보이는 데다 영역 간 통합성이 약하게 나타나고 있으니 이 부분을 강화해야 할 것입니다. 특히 수와 연산, 문자와 식, 함수 영역은 전체적으로 대수적인 부분에서 통합될 필요가 있고, 나아가 대수와 기하 영역의 통합이나 통계와 대수, 기하 영역의 통합도 꼭 이뤄 내야 할 것입니다.

여러 영역 및 과목에 흩어져 있던 동일 주제의 내용을 통합하고 연결성을 강화시키면 불필요하게 복잡한 계산의 양을 대폭 줄이고 각 주제가 왜 등장하게 되었는지 근본적인 물음에 답할 수 있게 될 것입니다. 예를 들어 중학교 1, 2학년 대수 영역의 경우 함수를 학습하면서 이를 해결하는 데 필요한 도구로, 기존 교과서의 수와 연산, 문자와 식 내용의 일부를 다루는 것입니다. 실생활에서 방정식을 세워야만 해결할 수 있는 적절한 상황을 찾아 이를 해결하는 데 필요한 도구로 문자, 식, 연산 등을 다루는 것이지요. 문자와 식 자체가 수업 목표일 필요가 없습니다. 학생 입장에서 방정식을 푸는 데 필요하니까 문자와 식을 공부하는 것임을 스스로 느낄 수 있어야 합니다.

다음 표는 2009 개정 교육과정에서 고등학교 교과서에 나타난 통합의 방식으로 중 1 대수 영역을 통합하는 방안에 대한 예시입니다.

우선 '함수'라는 대단원의 중단원을 크게 '문자와 식', '함수와 방정식'으로 나누었습니다. 함수의 하위 단원으로 구분하면서 문자와 식, 방정식에서 다루는 문자, 식을 함수에 등장하는 정도로만 제한하려는 의도지

**중1 수학 일부 영역 통합 제안**

| 현행 | 제안 |
|---|---|
| Ⅰ. 수와 연산<br>　2. 정수와 유리수<br>　　01. 정수와 유리수<br>　　02. 정수와 유리수의 덧셈과 뺄셈<br>　　03. 정수와 유리수의 곱셈과 나눗셈<br><br>Ⅱ. 문자와 식<br>　1. 문자의 사용과 식의 계산<br>　　01. 문자의 사용<br>　　02. 식의 값<br>　　03. 일차식의 계산<br>　2. 일차방정식<br>　　01. 방정식과 그 해<br>　　02. 일차방정식의 풀이<br>　　03. 일차방정식의 활용<br><br>Ⅲ. 함수<br>　1. 함수와 그래프<br>　　01. 함수의 뜻<br>　　02. 함수의 그래프<br>　　03. 함수의 활용 | Ⅰ. 함수<br>　1. 문자와 식<br>　　01. 문제 상황 제시(함수의 활용 문제)<br>　　02. 초등학교 방식의 문제 해결 방법 복습<br>　　　 (시행착오학습)<br>　　03. 문자의 사용과 식의 계산<br>　　04. 정수와 유리수의 계산<br><br>　2. 함수와 방정식<br>　　05. 함수의 그래프<br>　　06. 일차방정식의 해결<br>　　07. 여러 가지 문제 해결<br><br>\* 정수와 유리수의 계산과 함수의 그래프는 01<br>　의 문제 상황을 표현하는 형태로 제시한다.<br>\* 일차방정식의 해를 구하는 정도의 유리수의<br>　사칙계산이 필요할 경우에는 그 단원에서 지도<br>　한다. |

요. 따라서 전체적으로 소주제로 존재하면서 많은 분량을 차지했던 내용 자체가 축소될 것입니다. 또 문자를 왜 사용하는지, 자연수 범위에서 정수로 수가 왜 확장되는지, 방정식과 함수 간의 관계 등을 연결하여 생각할 수 있는 계기를 제공할 것입니다. 이러한 과정을 통해 학생들은 자연현상과 사회현상을 이해하고 기술하는 데 수학이 왜 필요하고 유용한지를 체험하고 그 가치를 인식하게 될 것입니다.

## 연결과 통합을 위한 네 가지 예시

### ① 연산의 일관성

중 3 '제곱근의 덧셈과 뺄셈' 단원에서는 무리수를 문자로 생각하여 분배법칙을 사용하는 등 다항식의 계산 방법을 이용합니다. 무리수의 계산과 다항식의 계산 방법을 연결하는 것이지요.

교과서의 "$\sqrt{2}$를 하나의 문자로 생각하면"이라는 방법 제시를 보고 학생이 질문을 합니다. $\sqrt{2}$는 문자가 아니라 숫자, 즉 무리수라고 배웠기 때문입니다. $\sqrt{2}$는 문자가 아니라 숫자인데 왜 문자로 생각해야만 하는지를 고민할 수 있어야 합니다.

교사의 답변은 쉽지 않습니다. 이후 제곱근의 덧셈과 뺄셈 방법에 나오는, 다항식의 덧셈과 뺄셈에서 동류항을 모아 계산한 것과 같은 방법이라는 내용과 연결해야 합니다. 그러려면 초등학교에서부터 이어져 오는 단위 개념을 이용해야 하지요.

예를 들어 $\frac{5}{7} - \frac{3}{7} = \frac{2}{7}$인 이유를 흔히 '공식'이라고 불리는 풀이 방법인, 분모가 같은 분수의 뺄셈에서는 분자끼리만 빼면 되기 때문이라고 설명하지만, 개념적인 설명은 분수의 근본 개념인 단위분수를 이용하여 단위분수 $\frac{1}{7}$이 5개 있는 $\frac{5}{7}$에서 $\frac{1}{7}$이 3개 있는 $\frac{3}{7}$을 빼면 $\frac{1}{7}$이 2개 남으므로 그 결과는 $\frac{2}{7}$가 된다는 것입니다. 단위 개념은 중학교에서 문자를 사용하는 다항식의 연산으로 그대로 연결됩니다.

$5x - 3x = 2x$인 이유를 흔히 공식이라고 할 수 있는 분배법칙을 이용하여 $5x - 3x = (5-3)x = 2x$로 설명하지만, 이는 말 그대로 공식에 불과

합니다. 개념적인 설명은 단위분수와 마찬가지로, $5x = 5 \times x$이고 곱셈은 똑같은 수를 반복하여 더하는 덧셈이므로 $x$가 5개 있는 $5x$에서 $x$개 3개 있는 $3x$를 빼면 $x$가 2개 남기 때문에 그 결과는 $2x$가 된다는 것입니다.

이는 무리수의 연산에도 그대로 이어집니다. $5\sqrt{2} - 3\sqrt{2}$에서 $5\sqrt{2}$는 $\sqrt{2}$가 5개, $3\sqrt{2}$는 $\sqrt{2}$가 3개 있는 것이므로 $5\sqrt{2} - 3\sqrt{2}$를 계산하면 $\sqrt{2}$가 2개 남아 $2\sqrt{2}$가 되는 것이지요. 그리고 이건 $\sqrt{2}$를 문자로 생각하는 것과 같습니다.

학생들은 교과서에 제시된 "제곱근의 덧셈과 뺄셈은 다항식의 덧셈과 뺄셈에서 동류항끼리 모아서 계산한 것과 같은 방법으로"라는 문구에서 중 1에서 공부한 다항식의 덧셈과 뺄셈, 동류항 정리 등을 떠올리고 연결할 수 있어야 하겠습니다.

## ② 복소수와 이차방정식의 연계 강화

복소수를 가르칠 때는 이차방정식의 해의 존재성과 관련하여 그 필요성을 알게 하고, 이를 통해 허수 단위 $i$의 뜻을 분명히 익히게끔 지도해야 합니다. 2007 개정 교육과정 이전에 복소수는 수와 연산 영역에서, 그리고 이차방정식은 문자와 식 영역에서 별도로 다뤘습니다. 이로 인해 복소수 체계의 구조적 측면이 강조되고 불필요하게 복잡한 계산 문제를 많이 다루게 되어 학습의 양과 어려움이 가중된다는 비판이 제기되어 왔지요. 그리하여 2009 개정 교육과정부터는 수와 연산 영역에서 다루어지던 복소수를 이차방정식과 연계하여 다루도록 하였습니다.

### ③ 유리식과 무리식을 함수와 통합

'유리식과 무리식'은 유리함수, 무리함수를 이해하고 유리방정식, 무리방정식, 유리부등식, 무리부등식 등을 다루기 위한 기초를 제공합니다. 그러나 실제 학교 현장에서는 유리식과 무리식을 유리함수, 무리함수, 유리방정식, 무리방정식, 유리부등식, 무리부등식 등과 연계하여 생각하지 못하고 번분수, 이중근호 등 유리식과 무리식의 계산 방법과 기능의 숙달에 많은 시간과 노력을 들이고 있어, 학습 동기 유발을 어렵게 하고 흥미를 떨어뜨리며 학습량을 가중시킨다는 문제점이 제기되었습니다. 2009 개정 교육과정부터는 유리식과 무리식을 유리함수와 무리함수와 통합하여 유리식과 무리식 관련 계산이 최소화되었습니다.

### ④ 이차방정식, 이차부등식, 이차함수의 통합 및 연계성 강화

2009 개정 교육과정부터는 이차방정식과 이차부등식, 그리고 이차함수의 연계성을 강화하고 서로 다른 영역에서 다루는 과정에 불필요하게 발생하는 학습량을 감축한다는 점에서 이차방정식의 이론과 이차함수의 성질이 자연스럽게 연계되도록 내용을 통합하였습니다.

제2부

# 수학, 어떻게 가르칠 것인가?

::

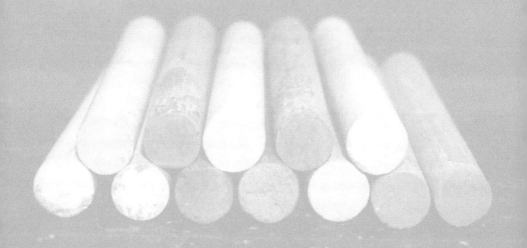

# 01 | 지금,
## 우리의 수학교실은

## 1. 바람직하지 않은 수업

한 교육학자는 우리나라 수업의 관행으로 성전과도 같은 교과서, 전달하는 교사상, 수동적인 학습자, 객관식 시험의 네 가지를 꼽았습니다. 오래 전부터 이어져 온 만큼 이제는 고치기도 어려운 관행입니다. 실제 우리 나라 교사는 교과서의 내용을 일점일획도 빼거나 틀리지 않게 가르치려 하고, 각 교과의 개념을 전달하는 역할에 그칩니다. 학생도 수동적으로 학습하는 역할에 머물러 있지요. 그리고 과정 중심 평가나 수행평가보다 정답을 고르는 오지선다형 객관식 시험이 평가의 주를 이룹니다.

교직은 전문직이고 교사에게는 갈수록 경력이 쌓이는데 왜 수업은 쉬워지지 않을까요? 수업의 전문성은 왜 경력에 따라 성장하지 않을까요? 이런저런 의문에 대한 답은 아무래도 우리나라 수업 문화가 그렇기 때문이라는 것입니다.

수학교사에게는 당연히 수학에 대한 전문 지식이 충만해야 합니다. 그러나 이건 모든 수학교사에게 요구되는 필요조건이지 충분조건은 아닙니다. 지식에 대한 전문성이 뛰어난 교사가 반드시 가르치기도 잘한다고 보기에는 어려운 장면이 많습니다.

우리나라 수학교사는 자기가 가르칠 내용을 열심히 준비하고 준비한 스케줄대로 학생을 끌고 갑니다. 한 시간의 진도가 있고, 주어진 분량을 그 시간에 어떻게든 소화해 내도록 학생을 내몰지요. 그래서 학생의 이해 정도보다는 진도에 맞춰 수업이 진행됩니다. 그러다 보면 학생의 현상태를 체크할 일은 별로 없습니다. 질문이 많아지면 진도가 늘어져 오히려 감당하기 벅찬 상황이 벌어지니까요. 학생의 학습 상황보다 계획된 수업 진도를 우선시하는 것이 우리나라 교사의 최적화 행동입니다. 조영달은 『한국 중등학교 교실수업의 이해』에서 교사들이 '시험'과 '진도 나가기'의 효율성을 위해 취하는 행동을 최적화 행동이라고 했습니다.

브루소는 극단적인 교수 현상이 일어나는 바람직하지 않은 수학 수업을 다음 네 가지로 정리합니다.

(1) 교사 위주의 일방적인 수업(형식적 고착)

(2) 형식적 상호작용만 있는 수업(토파즈 효과)

(3) 일부를 전체로 착각하는 수업(조르단 효과)

(4) 메타 인지적 이동이 일어나는 수업

첫째, 교사 위주의 일방적인 설명으로 이어지는 수업입니다. 전형적인 학원 단과반 수업 또는 인터넷 강의와 같은 형태입니다. 교사는 그날 가르칠 내용을 적절하게 준비된 각본대로 처음부터 끝까지 죽 설명합니다. 학생이 필요시에는 질문을 하기도 하지만 교사는 수업 흐름에 큰 지장이 있는 질문은 나중에 개별적으로 찾아오라는 말로 이를 무시하고 넘어가지요. 대부분의 학생은 그저 교사의 수업 내용을 들으며 때로는 노트 필기를 하다가 수업을 마칩니다. 혹시 모르는 내용이 있으면 교사를 개별적으로 찾아가거나 친구 혹은 다른 사람의 도움을 받지요.

둘째, 교사와 학생이 상호작용하는 수업이지만 진정한 상호작용은 일어나지 않는 경우입니다. 교사는 학생에게 그날 배울 개념을 설명하면서 학생 스스로 충분히 이해할 시간을 주기보다 교사가 계획하고 있는 시간 내에 학생이 이해해 주기를 바랍니다. 이런 현상이 심해지면 교사는 자기 의도에 맞는, 자기가 원하는 답을 유도하기 위해 엄청난 힌트를 제공합니다. 이를 '상호작용의 깔때기 패턴'이라고 하는데, 교사가 일련의 유도 질문을 통해 원하는 결과를 끌어내는 상황을 깔때기에 비유한 말입니다. 토파즈 효과Topaz Effect라고도 합니다. 교과서 기술 내용으로 보면 예제를 통해 문제에 대한 답을 함께 제시하거나 여백에 힌트를 주는 것을 예로 들 수 있습니다. 앞에서 언급한 단계형 발문도 여기에 속합니다.

셋째, 일부 학생의 반응과 대답을 전체 학생의 대답으로 착각하는 경우입니다. 두 번째 경우와 비슷하게 교사는 학생에게 적절한 질문을 던지며 상호작용하는 방식을 취합니다. 하지만 그 질문은 학생 개인이 아

초등학교 5학년의 직사각형과 정사각형의
둘레의 길이를 구하는 수업이다. 이전 시간
에는 사각형의 성질을 배웠다. 직사각형의
둘레의 길이를 구하라는 문제에는 직사각형
의 가로와 세로의 길이만 주어진다. 어떤 학
생은 이렇게 질문할 수 있다. "길이는 왜 두
개만 주어졌나요?"

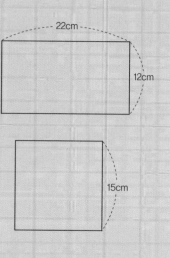

한 변의 길이만 주어진 정사각형에 대해
서도 같은 질문이 나올 수 있다. 이런 의문
은 이 시간에 학생이 해결해야 할 중요한 학
습목표가 된다. 지난 시간까지 배운 '사각형
의 성질 중 평행사변형이나 직사각형 등은
마주 보는 변의 길이가 같다'는 개념이 필요
하다. 그건 학생이 스스로 생각해 내야만 한
다. 그러나 많은 수업에서 교사는 여기까지 가르쳐 줘야 한다고 생각한다.

필자가 관찰한 수업에서 교사는 지난 시간에 배운 '직사각형의 특징'에 대해 말해 보
라고 한다. 여러 학생이 손을 든다. 첫 번째 학생의 "네 각이 90도입니다"라는 답변에 대
해 교사는 별 반응을 하지 않는다. 그런데 두 번째 학생이 "마주 보는 변의 길이가 같습니
다"라고 답하자 정말 중요한 발견을 했다며 정색을 한다. 여러 학생이 여전히 손을 들고
있는데도 교사는 전혀 주의를 기울이지 않고 칠판에 노란색으로 "마주 보는 변의 길이가
같다"고 쓴다. 그러면서 오늘 이 사실을 잘 이용해야 함을 거듭 강조한다. 아직 손을 들고
있는 학생에게는 다른 특징이 많지만 오늘은 이것만 이용해 보자며 손을 내리게 한다.

이 수업에 참여한 학생들은 그날 교과서에 나온 여섯 개 문제의 정답을 모두 구했다.
사건은 다음 날 벌어졌다. 익힘책을 푸는 과정에서 문제를 해결하지 못하는 학생이 생긴
것이다. 어제는 분명 해결했던 똑같은 과제를 왜 오늘은 해결하지 못할까?

어제의 수업 구성이 학생 스스로 해결할 수 있는 힘을 키워 주었는지 반성해 보아야
하겠다. 어제 학생들은 문제를 해결하는 과정에서 한 학생이 발표한 사각형의 성질을 듣
고, 또 칠판에 기록된 글을 보았다. 그리고 그걸 그대로 이용해 문제를 해결했다. 학생 스
스로 사고해 낸 게 아니라 강력한 힌트로 제시된 내용을 그냥 이용했을 뿐이다.

니라 전체를 대상으로 합니다. 그리고 이에 반응하는 몇몇 학생의 대답을 토대로 수업을 전개하는 것이지요.

우리나라 수학 수업에서 질문은 전체를 대상으로 하는 경우가 두드러지게 많습니다. 그것도 학생의 진술이 거의 필요 없는 '네' 혹은 '아니오' 형태의 대답을 요구하는 질문이 주를 이룬다는 사실이 많은 연구에서 나타나고 있습니다. 실제로 중학교 대수 영역 수업에서는 많은 학생이 전체를 향한 질문에 대해서도 반응을 보이며 적극성을 띠는 데 반해, 기하 영역 수업에서는 일부 학생만이 전체를 대상으로 하는 질문에 대답을 합니다. 교사는 나가야 할 진도를 생각하며 수업을 진행하기 때문에 잘 진전되지 않을 때는 이들 협력자 또는 자발적 기여자의 도움을 받아 무사히 수업을 마칠 수 있습니다. 하지만 대부분의 학생은 그 시간에 학습한 내용을 거의 이해하지 못하며, 이런 현상은 학생이 수학 학습을 어렵게 느끼는 근본 원인이 됨을 많은 연구가 밝히고 있습니다.

또 수학의 특정 개념에 대해 학생과 토론하기도 어렵고 가르치기도 곤란한 경우에 교사는 마치 학생의 행동이나 반응에서 특정한 수학적 지식이 형성되었음을 확인한 듯 인정하고 지나가기도 합니다. 이때 학생의 반응이란, 사실 즉흥적이거나 사소한 대답이었을 뿐인 경우가 많다는 것이 문제입니다. 이렇게 학생의 반응을 과대평가한 경우를 조르단 효과 Jourdian Effect라고 합니다.

넷째, 교사가 학생의 수학 개념에 대한 이해를 돕기 위해 여러 가지 장치를 고안해서 진행하는 수업을 들 수 있습니다. 제7차 교육과정 이후의 교과서에서, 특히 각 단원의 도입에서 실생활의 맥락을 끌어오거나 구체

K 교사는 자신의 질문에 단 한 명이라도 정답을 말하면, 그 질문의 답을 모든 학생이 알고 있는 것으로 간주한다. 그래서 바로 다음 질문으로 넘어가거나, 학생들의 답을 기다리지 않고 자신이 정답을 말하거나, 질문을 아예 생략하고 자신이 결론을 말한다. 때로는 결론조차 말하지 않고 수업을 마친다.

이런 수업 속에서 학생들의 학습은 근본적인 제약을 받는다. 우선 학생 각자가 학습의 주체로 수업에 참여하지 못한다. 교사의 질문에 답할 수 있는 한두 명의 기여자를 제외한 나머지 학생은 질문에 대해 직접적으로 생각해 볼 기회를 갖지 못한다. 다른 학생의 대답이나 교사의 말을 자신의 결론으로 받아들일 수밖에 없다.

또한 학생 각자가 반성적으로 사고하는 경험을 갖지 못한다. 학생들은 자신의 질문에 대해 직관적 추측을 하게 되고, 그 추측이 사실이라는 것을 확인할 방법을 모색한다. 추측과 다른 결과가 나올 때 처음 추측을 수정하거나 그 원인과 해결책을 모색하고 좀 더 나은 추측을 하는 가운데 반성적 사고를 하게 되고, 이를 통해 수학적 엄밀성을 학습한다. 또 직관적 추측을 통해 확인한 결과를 단순히 사실로서 받아들이는 것이 아니라, 그것이 의미하는 바를 수학적으로 해석하는 가운데 수학적 안목을 형성하게 된다. 그러나 이런 수업에서는 일어날 수 없는 일이다.

적인 조작 활동을 통해 수학 개념을 이해하도록 한 시도에서 많이 볼 수 있습니다. 그러나 이 과정에서 메타 인지적 이동이 일어나는 것에 주의해야 합니다.

교사의 교수학적 노력의 초점이 수학적 지식 그 자체에서 그가 만든 교수학적 고안으로 이동하는 것을 메타 인지적 이동이라고 합니다. 교구 또는 장치, 그리고 다양한 활동이 수학적 학습을 일으키기보다 활동 자체에 대한 기억만 남기는 현상을 말하지요. 메타 인지적 이동은 어려운 수학을 개인화하는 데는 유리하지만, 학생의 수학을 수학자의 수학과는 사뭇 다른 형태로 이끌 수 있다는 단점을 지닙니다.

## 호기심을 불러일으키지 못하는 수업 운영

초등학교 교실의 풍경이라고 하면, 학생들이 힘차게 손을 드는 장면이 떠오릅니다. 왜냐하면 중·고등학교에서는 이런 모습을 거의 볼 수 없기 때문이지요. 왜 이렇게 변할까요? 어느 시점에서 학생들은 손을 들지 않는 걸까요? 갈수록 호기심이 사라지기 때문일까요?

혹자는 요즘 학생에게 호기심이 없어 걱정이라고 합니다. 수업 시간에도 뭘 알려고 하지 않는다며 한탄하지요. 의욕이 없다고 합니다. 아무것도 하지 않으려 하고 공부를 포기한 학생 때문에 수업이 힘들다고 합니다. 수학을 포기했다고 하는 학생은 정말 수학을 포기했을까요? 학생들의 호기심은 정말 사라져 버렸을까요? 알고 싶고 공부하고 싶은 마음이 정말 없을까요?

그런데 쉬는 시간의 교실 풍경, 체험 활동 모습은 어떤가요? 자기 수업이 아닌 다른 과목의 수업 장면은 어떨까요? 실제 수업 컨설팅을 나가 살펴보니 수학 시간에 엎드려 자던 녀석들이 다른 시간에는 반대로 리더가 되어 활동하더군요. 모두가 놀랐더랬지요. 수학교사는 특히나 더요. 수학 시간에 조용히 있던 아이가 국어 시간에는 그룹 토론을 주도하고 있었거든요.

왜일까요? 어떤 장면에서 잠을 깨는 것일까요? 한마디로 말하면 수업에는 자기주도적 발견을 위한 학습 활동이 들어가야 합니다. 자기가 처음 걷는 눈길이어야 걷고 싶은 호기심이 생깁니다. 다른 어른들이 이미 걸어서 길이 나 버린 눈길은 눈길이 아니지요. 또 협력하고 서로 돕고 배려하는 과정을 설계해서 수업을 재구성해야 합니다. 능동적 참여가 이루어지지 않고 수동적으로 조용히 앉아 듣기만 해야 한다면 호기심이 일어날 수가 없습니다. 이는 오히려 호기심을 말살하는 환경입니다.

유아기에 우리 아이들은 왕성한 호기심을 가지고 있었습니다. 주변에 무엇이 있는지 궁금한 아이들은 더 나아가 왜라는 질문을 끊임없이 던졌습니다. 호기심과 질문은 인간 생존에 불가피한 요건입니다. 나이 들어 호기심이 줄지 않는 사람도 많지요.

아이들은 탐구 정신과 호기심을 타고납니다. 다만 우리가 그걸 살리지 못하고 있을 뿐입니다. 학교는 교육과 수업을 통해 모든 학생이 질문과 호기심을 발판 삼아 한층 더 성장할 수 있도록 도와주는 곳입니다. 학교는 학생을 줄 세워 갈라놓는 곳이 아니라 타인과 협동하는 기쁨을 다 같이 즐길 의무를 배우는 곳입니다.

요즘 학생에게 호기심이 없다고 한탄하는 것은 문제의 원인을 학생에게 돌리는 행위입니다. 자기 수업이 힘든 핑계를 학생에게 돌리려 했던 것이 아닐까요? 호기심 없는 학생이 문제가 아니라 호기심을 불러일으키지 못하는 수업 운영이 문제입니다.


## 2. 교사들의 소외와 불안

초등학교 교사였던 서근원은 여러 초등 교사의 수업을 관찰하면서 접한 교사의 고민을 『수업에서의 소외와 실존』에서 다음 네 가지로 정리하였습니다.

첫째, 한국 교사들은 수업에 대한 어려움을 호소한다. 교사들은 수업 외의 잡무가 너무 많고, 학급당 학생 수 또한 과다해서 수업을 잘하기가 어렵다고 한다. 그리고 수업을 잘할 수 없는 원인으로 교육과정과 교과서가 학교의 현실이나 학생의 수준에 맞지 않다는 점과 가르쳐야 할 양이 너무 많다는 점도 지적하고 있다.

둘째, 한국 교사들은 자신이 교사로서 올바로 살아가고 있는지 의문을 가지고 있다. 자신이 수업에 전념하지 못하는 것, 그리고 특히 처지는 학생을 하나하나 친절하게 돌봐 주지 못하는 것에 자책감을 가지고 있다.

셋째, 한국 교사들은 수업 장면에서 스스로 소외감을 느낀다고 한다. 그것은 국가 수준에서 만들어진 교육과정을 그대로 가르치기 때문에 일어나는 현상이다. 교사가 왜 그렇게 가르쳐야 하는지도 모르는 채 주어진 대로 가르치기 때문에 스스로 소외를 당할 수밖에 없다.

넷째, 한국 교사들은 자신이 제대로 가르치고 있는지 불안감을 가지고 있다. 교사들은 자신이 알고 있는 지식이나 교수 방법이 적절한지에 대한 의문과 그에 따른 불안감을 가지고 있다. 즉, 전문성에서 자신이 없다는 것이다.

중등 교사는 어떤가요? 수학교사를 만나 보면 하나같이 수업에 대한 자신감 부족을 호소합니다. 그래서 기꺼이 수업을 보여 주는 경우가 드물지요. 2009년 여름에 있었던 '수업관찰 및 분석'이란 주제의 전국수학교사모임 직무 연수에 참가한 교사 24명의 참가 동기를 정리해 보았더니 다음과 같았습니다.

첫째, 수업에 대한 자신감이 부족하다. 24명 중에는 10년 차 이상 되는 교사도 여럿 있었는데 아직도 자신감이 부족하다고 느끼고 있었다.

둘째, 학생들의 적극적인 참여로 상호 의사소통하는 수업이 어렵다. 교사 위주의 일방적인 수업보다 학생 중심의 상호 관계적 수업을 하고 싶은 욕구는 있지만 잘 안 된다는 것이었다.

셋째, 수준별 수업에 대한 고민이 있다. 특히 낮은 수준으로 분류된 학급에서 일어나는 학생의 소외 현상을 막을 대책이 없다는 것이었다. 전문계고 교사와 산간벽지 교사도 비슷한 고민을 하고 있었다. 학생의 수준이 너무 낮아 어떻게 할 수가 없다는 것이었다.

넷째, 수학교사로서 전문성에 대한 자신감이 부족하다. 자신이 과연 수학적으로 충분한 지식과 실력을 갖추고 있는지 의문스럽다고 했다. 수학이라는 학문에 대한 두려움 같은 것을 지니고 있었다.

다섯째, '나 홀로 50분' 수업을 하고 있다. 그래서 학생의 학습에 관심을 갖고 싶지만 어떻게 하면 가능한지가 궁금하다는 것이었다.

공감이 가는 대목입니다. 이런 문제의식에서 해방된 교사가 과연 얼마나 될까요? 이런 고민을 해결하지 않고는 제대로 된 수업을 한다고 말할 수 없을 것입니다. 그래서 다른 교사가 수업을 보자고 하면 거절을 하는 것이지요. 앞서 정리한 내용과 비교해 보면 초등학교 교사나 중·고등학교 수학교사를 구별할 것 없이 교사라면 거의 비슷한 고민을 하고 있다는 사실을 발견할 수 있습니다. 왜 우리는 수업에 자신이 없는 것일까요? 수업 자신감을 회복하는 방법은 무엇일까요?

## 3. 효율성이 불러온 실패

한국의 교실수업을 일률적으로 정리하기는 쉽지 않지만 아직도 대부분의 수업은 전형적인 모습을 유지하고 있습니다. 다음은 수업 각 단계를 조영달이 『한국 중등학교 교실수업의 이해』에서 정리한 내용을 수학과

**한국의 교실수업**

| 단계 | 실행되는 일 | | | 비 고 |
|---|---|---|---|---|
| 수업 의례 단계 | 교사가 교탁에 자리를 잡으면 주로 차렷, 경례의 예(禮)가 진행된다. 이로써 직전 쉬는 시간의 떠들고 이야기하는 교실 분위기가 진정되며, 학생은 자신의 시간을 마음대로 사용할 수 있었던 자유를 스스로 통제하게 된다. | | | • 교사는 교실수업의 통제권과 권위를 공식적으로 확보하게 된다.<br>• 통과의례를 통해 교수 학습을 위한 환경이 조성된다. |
| 확인 단계 | 교사와 학생은 서로 그 시간에 자신이 해야 할 과업이 무엇인지 확인하게 된다. 또한 학생은 이 과정을 통해 자신의 교재에서 그 시간의 학습 주제를 확인하고, 그 시간 수업을 위한 직접적인 준비를 하게 된다. | | | • 빠른 시간에 그 시간을 위한 수업 준비를 하게 하는 매우 효율적인 방법이다.<br>• 확인의 단계를 간혹 생략하는 교실수업에서, 수업이 시작된 지 한참 후에야 학생이 교과서의 학습 주제와 관련된 페이지를 찾는 모습이 발견되었다. |
| 교수 학습 단계 | 주제 학습 세트 | 주제 도입 단계 | 학습 주제가 무엇인지 소개하고 학생의 주의를 환기시킨다. | • 교수 학습 단계는 전체 수업 시간의 70퍼센트 이상을 차지하는 교실수업의 핵심 단계다.<br>• 압축 단계에서 교사는 단순히 정리하거나 배운 내용을 강조하는 것이 아니라, 그것을 확실히 학생들에게 각인시키려 한다. 그렇게 하지 않으면 교실의 그 많은 학생에게 정확히 수업 내용을 전달할 수 없고, 또 그들의 주의를 집중시킬 수 없다. → 교사의 최적화 행동 |
| | | 수업 집중 단계 | 주제에 대한 교과서 내용을 읽고, 교사는 이를 설명한다. | |
| | | 압축 단계 | 교사가 학생에게 주제 및 내용을 정리시킴으로써 학생이 해당 부분을 인식하게 하고, 학생에게 주제를 각인시킨다. | |

| 교수<br>마감<br>단계 | 교사는 그날의 학습을 정리한다. | • 학생이 아닌 교사가 수업 내용을 잘 정리해 주<br>는 것이 학생 스스로 정리할 기회를 박탈하는<br>것일 수도 있다. |
|---|---|---|
| 수업<br>종료<br>단계 | 교사는 수업 종료의 의례(차렷, 경례)를<br>치르고 교실을 떠난다. | • 수업 종료의 의례 이후, 학생은 다시 10분간의<br>자유와 휴식의 시간을 보내게 되며, 학교는 다<br>시 이후 시간의 수업을 준비하게 된다. |

의 실정에 맞게 각색한 것입니다.

교육적인 타당성과 별개로 한국 교실수업에서 보이는 가장 두드러진 특징은 교수 학습의 효율성이 추구된다는 점입니다. 여기서 효율성이란 오래된 관행으로 현재의 여건과 분위기에 가장 적합하게 적응하는 관례를 말하는 것으로 볼 수 있습니다. 예를 들어, 주제 학습의 압축 단계에서는 수학의 공식을 정리해 주거나 문제 풀이 요령을 가르쳐 주는 것입니다. 수업 진행에서는 불특정 학생을 지명하고 직접적인 힌트를 제공하는 행위 등이 교사가 구사하는 최적의 전략이지요.

그렇다면 효율성의 개념으로 제시될 수 있는 것은 '시험'과 '진도'입니다. 사실, 교과를 가르치는 교사에게 가장 커다란 수업의 일상적 목표는 교과서의 진도와 시험입니다. 많은 교사가, 특히 고등학교 교사는 수업의 주안점이 개개 학생을 어떻게 성장시키느냐 하는 데 있는 게 아니라 어떻게 하면 진도가 빨리 나가고, 학생을 어떻게 시험에 대비하게 하느냐 하는 데 있다고 토로합니다.

그런데 수학교육은 단순한 효율성 추구 노력의 일환인 최적화 행동으로는 만족스러울 수가 없습니다. 사실, 수학 수업은 단순한 진도 나가기나 시험에 대한 대비가 아니라, 교육과정의 성취기준을 달성하기 위한 노력이어야 합니다. 이 점에서 한국의 수학 수업은 성공적이지 못합니다.

무엇이 이런 실패를 불러왔을까요? 전통적 패턴인 일방적 주입식 교수 모형, 다양한 수준 차를 보이는 학생이 동시에 존재하는 구조적 특성들이 앞에서 살펴본 바와 같은 최적화 행동을 연출케 하였으리라 짐작됩니다.

교사의 수업 최적화 행동을 인정한다면, 교실 개혁에 있어서는 제도적인 뒷받침이 우선되어야 합니다. 즉, 최적화 행동의 대상과 그 목표를 바꿀 수 있는 제도의 형성이 교실수업 개선을 위해 우선되어야 하는 것입니다. 대화의 이동 양식이나 참여 구조를 포함한 전반적인 교사의 최적화 행동 양식을 변화시킬 수 있는 제도적인 장치를 마련해야 하지요. 또하나 생각할 수 있는 것은, 교사 자신의 교수·학습 활동을 서로 주고받으며 자신을 교정할 수 있는 공간이 학교에 없다는 점입니다. 사실 교사의 교실수업 능력도 성장하는 것입니다. 교사는 동료 교사와의 대화를 통하여, 그리고 자신과 다른 교사의 수업을 관찰한 후 나누는 반성적인 대화를 통해 서로의 수업 능력을 발전시킬 수 있습니다.

지금 가르치는 게 수학 맞습니까?

# Tip  전 차시 복습

전 차시 복습은 우리나라 수업 패턴에 전형적으로 존재하는 요소다. 전 차시를 복습하는 이유는 학생에게 오늘 수업에 필요한 사전 지식을 상기시켜 본시에 적응하도록 준비를 시키기 위함이다.

전 차시 복습에 대해서는 두 가지 고민이 따른다. 전 차시 내용으로 바로 직전 시간의 것을 다루어야 하는가, 전 차시 복습 자체가 꼭 필요한가. 첫 번째 고민을 하게 된 것은 어떤 수업에서 전 차시에 다룬 내용이 오늘 수업과 전혀 무관한데도 "어제 뭐 배웠죠?" 하며 전날 배운 내용을 상기시키는 장면을 보고 나서부터다. 전 차시 복습은 오늘 수업 내용과 관련이 있어 필요하기 때문에 하는 것이다. 그런 의미에서 '전 차시 복습'이라는 용어보다 '선수 개념 복습'이라는 용어가 더 적당할 듯하다. 그래서 오늘 배우는 개념에 필요한 이전의 개념을 끌어오는 것이 필요하다. 중 3에서 함수를 배우고 통계의 표준편차를 시작하는 날에는 전날까지 배운 함수 개념을 복습하기보다 2년 전에 배운 자료의 정리와 평균의 개념이 더 필요하다. 그러므로 표준편차를 학습하는 날의 선수 개념 복습은 자료의 정리와 평균이 되어야 한다.

두 번째 고민은 교사가 일방적으로 가르치는 복습 자체의 필요성이다. 이 고민은 수업 혁신학교가 하고 있는 고민이기도 하다. 교사가 이끄는 복습 활동과 학생 스스로 지식을 구성해야 하는 상황이 배치될 수 있다는 생각이다. 복습 활동도 스스로 구성할 수 있도록 거칠게 과제로 던져 주면 여러 가지 양태가 나타날 수 있다. 표준편차 수업에서 자료를 정리하는 과정과 평균의 개념을 교사가 끌어다 주면 표준편차를 시작하는 것이 빨라질 수는 있어도 또다시 표준편차를 학생이 혼자 만났을 때 자료를 정리하는 일, 평균의 개념을 생각해 내는 과정에 대한 스스로의 경험이 없으면 좌절할 가능성이 그만큼 많아지는 것이다.

정리하자면, 선수 개념을 교사가 정리해 주고 그걸 이용하여 오늘의 학습 주제를 가르치면 빨리 이해시킬 수 있고 효율적으로 주어진 시간 안에 진도를 나갈 수 있는 장점이 있지만 정말 스스로 이해한 것인가에 대한 의문은 여전히 남는다. 불친절하고 시간이 조금 더 걸릴 수 있겠지만 과거의 개념을 스스로 기억해내고 그것을 오늘의 주제와 연결시키는 과정을 스스로 경험하게 하면 보다 충분한 이해가 가능할 것이므로 그 학습의 결과는 고스란히 본인의 역량으로 남게 된다. 수업 초반에 학습목표를 명시적으로 제공하는 방식보다 암시적인 장치를 만들어 제공함으로써 학생들 입에서 수업 중간에 학습목표가 스스로 튀어나올 수 있도록 만들었을 때 그 수업은 성공했다는 확신을 가질 수 있다.

# 02 | 배움 중심의 교육철학

## 1. 교육에 대한 신념

우리나라 교사의 공통적인 결함은 교육철학에 대한 고민이 부족한 상태에서 곧바로 현장에 투입된다는 것입니다. 특히 수학교사에게는 수학교육철학에 대한 논의가 부족하지요. 다음과 같은 철학적 질문과 주제에 대해 진지한 성찰을 해봅시다.

- 구성주의 교육철학
- 현실주의 수학교육(RME, Realistic Mathematics Education)
- 역량(Competency) 중심 교육과정
- 학문 중심 교육과정 vs. 경험 중심 교육과정
- 국가 중심 교육과정 vs. 학교 혹은 교사 중심 교육과정

파머(2000)는 진정한 교사가 가져야 할 교육에 대한 질문으로 네 가지를 제시합니다. 가장 먼저 '무엇을 가르칠 것인가'라는 질문입니다. 우리는 어떤 내용을 가르칠 것인가를 우선적으로 고려해야 합니다. 불행하게도 한국적 상황에서는 이 질문이 별로 필요가 없습니다. 국가 수준의 교육과정이 강하게 지배하고 있고, 수능과 같은 표준화된 시험제도의 영향을 오랫동안 받은 탓이지요.

가르칠 내용이 정해지면 그다음에는 '어떻게 가르칠 것인가'라는 질문이 따라 나옵니다. 지금 정해진 수학 내용을 잘 가르치려면 어떤 방법과 기술이 동원되어야 하는지 고려해야 합니다.

가르칠 내용과 방법에 대한 논의의 단계가 더 깊어지면, '그것을 왜 가르치는가'라는 질문이 제기됩니다. 어떤 목적, 어떤 목표를 달성하기 위해 가르치는지 고민해야 합니다. 이것은 실제 수학 시간에 많은 학생이 하는 질문입니다. 교사가 이 질문에 설득력 있게 답하지 못하면 학생들에게 안 그래도 어렵고 귀찮은 과목인 수학을 공부하지 않아도 되는 명분을 제공할 우려가 있습니다.

그런데 우리는 '나는 누구인가'라는 질문은 거의 하지 않습니다. 수학을 가르치는 사람, 즉 수학교사는 누구인가요? 교사의 자아의식은 교사가 학생, 학과, 세상과 연결되는 방식에 어떤 영향을 미치나요? 교육제도와 교육과정은 어떻게 하면 훌륭한 가르침의 원천인 자아의식을 유지하고 발전시킬 수 있을까요? 왜 우리는 하필 가르치는 교사가 되었으며,

그중에서도 수학이라는 과목을 가르쳐야만 할까요?

수학교사로서 정체성이 부족하다는 사실은 우리 수학교육의 큰 문제입니다. 현직에 있는 초기 20여 년 동안 필자는 수학교사로서의 정체성을 찾기가 어려웠습니다. 대입 전형을 비롯한 여러 가지 제도가 교육과정의 정상적인 운영을 방해하기 때문이었습니다. 그러나 최근 10년간은 정체성을 회복할 수 있었습니다. 수학교사의 정체성은 학생들이 수학을 통해 세상을 살아가는 안목과 지혜를 기르도록 돕는 데서 확립됩니다. 입시 전문가로서의 수학교사는 부차적인 일입니다. 아직 미숙한 학생의 수리적 능력을 키워 주는 것이 수학교사의 정체성입니다. 그러는 가운데 상급 학교 진학 문제를 해결하는 고리를 찾는 지혜가 한국 수학교사에게는 필요합니다.

파머는 20년 전 미국의 상황에서 이런 고민을 했을 것입니다. 미국에는 국가 수준의 교육과정이 없습니다. 교과서도 자유발행제 아래서 제작되어 운영되지요. 2010년에 국가 수준의 통제력을 강화한 공통핵심교육과정CCSS이 제정되기 이전에는 단지 국가 수준에서 표준안Standards을 제시하고 각 주마다 좀 더 구체적인 교육과정을 마련하는 방식이었습니다. 학교의 수학교사는 각자 나름의 교육과정을 구성하였지요.

그런데 우리나라는 경우가 다릅니다. 국가 수준에서 교육과정을 규정하고 있으며, 모든 교과서가 이 규정에 따라 집필됩니다. 다루는 내용이 천편일률적으로 똑같지요. 따라서 수업 시간에 교사가 무엇을 가르칠 것인가 하는 첫 번째 고민을 할 필요가 없습니다. 뒤집어 말하면 우리나라 수학교사는 오늘 무엇을 가르칠지 고민하지 않습니다. 현장의 교사에게

지금 가르치는 게 수학 맞습니까?

자기 나름의 교육과정 구성 권한이 전혀 없는 것은 아니지만 뭔가 색다른 것을 가르치려면 상급 학교 진학을 위한 내신 성적을 일률적으로 산출해야 하는 제도 등을 뛰어넘는 해결책이 있어야만 합니다.

수업의 변화를 위해서는 무엇보다 교사의 내면이 바로 서 있어야 합니다. 수업의 근본적인 변화는 '겉'이 아니라 '속'에서부터 시작되는 것이기에, 수업 속 신념을 살피는 일은 그 어느 것보다 중요합니다. 나만의 수업 정체성을 확립하고, 어떤 상황에도 흔들리지 않는 견고한 수업 철학을 가지고 있어야 합니다.

## Tip 배움 중심 수업이 무너지는 순간

교사가 모든 것을 가르쳐 주는 주입식 수업에 익숙한 학생은 자료를 스스로 조사하고 발표하는 활동을 어렵고 귀찮아한다. 국어교사인 김미경도 『중학교 국어 수업 어떻게 할 것인가?』에서 주시경에 대한 모둠 토의 수업을 시켰다가 몇몇 학생이 투덜대는 소리를 들었음을 밝힌다. 직접 설명해 주지 않고 스스로 찾으라고 하니 힘들고 귀찮다는 것이었다. 그냥 학습 내용을 정리한 자료를 주고 요점만 정확히 설명하면 중간고사나 기말고사 대비가 되는데, 왜 힘든 일을 해야 하는지 반문할 수도 있는 일이다. 자기주도학습이 자기 신념이고, 자기주도의 효과는 그 무엇에 비할 수 없다는 걸 잘 알면서도 학생이 이런 식으로 거부를 하면 신념이 부족한 교사는 다시 강의식 수업으로 돌아간다. 배움 중심 수업이 무너지지 않으려면 강한 신념이 있어야 한다.

다음 물음에 답해 봅시다.

- 수업이 어디로 향하고 있는가?(정체성)
- 수업 속에서 흔들리지 않는 강한 신념이 있는가?

- 수업이 학생들의 삶을 변화시킨다는 신념이 있는가?
- 배움이 있는 수업이 수학적으로 유능한 학생을 만들 수 있다는 신념이 있는가?

수업에 대한 신념과 철학이 흔들리면 학생들은 혼란을 겪게 됩니다. 수업 전반과 후반의 철학적 흐름이 달라지면 학생들은 헷갈리지요. 수업이 흔들리는 것은 수업에 대한 철학이 부족한 상태에서 다른 교사의 수업 방법만을 벤치마킹했기 때문입니다. 급박하게 돌아가는 수업의 매 순간마다 흔들리지 않고 일관된 철학을 유지하려면 수업에 대한 신념과 철학을 먼저 굳게 다져야 합니다. 목표 달성 중심의 행동주의 교육철학이 아닌 배움 중심의 구성주의 교육철학을 보다 명확히 견지한 상태에서 수업을 구상하고 진행해야 합니다.

## Tip  흔들리는 수업

A 교사는 학생들의 모둠 활동을 통한 배움 중심 수업을 진행하고 있었다. 각 모둠별로 활발한 토의를 통해 얻어 낸 결론을 칠판에 기록하게 하였다. 각 모둠의 기록은 비슷한 것도 있었지만 저마다 서로 다른 결론을 내고 있었다. 일곱 개 모둠에서는 각각 발표자를 정하고 있었다.

그런데 다음 순간 교사는 혼자 각 모둠의 기록에서 찾은 유사점과 차이점만을 정리하고는 수업을 마쳤다. 학생들의 발표 준비가 허사로 돌아가는 순간이었다. 학생 중에는 다른 모둠의 발표 내용에 궁금한 점이 있어 질문을 준비하고 있는 학생이 있었고, 자기 모둠의 결론에 대해 선생님이 정리한 내용에 설명을 추가하려고 생각한 학생도 있었지만 이들은 기회조차 얻지 못했다.

수업의 전반부는 학생의 배움 중심의 수업이었다면, 수업의 후반부는 교사 중심의 설명으로 철학이 흔들었다.

## 2. 수업의 사회 문화 조성

학기 초 첫 시간에 꼭 해야 할 일이 있습니다. 수학 학습이나 수업에 대한 안내를 하고, 대략적인 진도도 가르쳐 주어야 하지요. 예습이나 복습에 대한 강조 및 안내도 합니다. 숙제의 목적과 역할에 대해서도 알려 주고, 무엇보다 이날은 수학교사의 수학에 대한 신념을 전달할 수 있는 날이기도 합니다. 수학의 중요성 혹은 인생에서 수학의 필요성 등을 강조하는 것도 첫 시간에 해야 할 일이지요.

과제의 특성이나 교사의 역할에 비해 수학 수업의 사회문화적 측면에 대한 인식과 중요성에 대해서는 간과된 면이 많습니다. 그러나 학생이 자기주도적으로 수학을 구성해 나가며 진정하게 이해하도록 배려하기 위한 수학 수업에서는 사회 문화적 조건이 매우 중요합니다.

수업에서 건전한 사회 문화는 여러 가지 장점을 지닙니다. 수학 수업에서 건전한 사회 문화가 형성되면 수학 탐구 활동을 위한 협력이 촉진됩니다. 집단을 이루어 학습하면 상당한 양의 의사소통이 오가게 되는데, 이는 어떤 의견에 동의하거나 어떤 의견을 추측 또는 주장하고, 해결 방법을 제안하거나 해결 방법의 적절성 또는 정확성에 관해 토론하는 활동으로 이뤄지지요. 또한 학생 간의 의사소통을 통해 정보와 해결 방법을 공유하면서 자신의 사고를 확장하고 진정한 이해의 토대를 만들 수 있습니다. 의사소통을 통해 문제 해결의 다양한 방법을 논의하고 각 방법의 장점을 비교하며 문제의 다른 측면에 주목하게 됨으로써 우리는 새로운 각도에서 문제를 바라보며 자신의 사고를 향상시키고 문제를 더 잘 이해할 수 있게 됩니다.

건전한 사회 문화가 그 장점을 발휘하도록 돕기 위해 교사와 학생은 기본 토대가 되는 다음의 규범을 형성해 나가기 위해 노력해야 할 것입니다.

첫째, 문제 해결 방법과 아이디어에 대해 자유롭게 토론하며 경청할 수 있는 민주적 토론 문화를 조성해야 합니다. 학생 사이의 상호작용은 해결 방법에 대한 것이어야 합니다. 이를 통해 다른 사람의 아이디어와 해결 방법을 주의 깊게 살펴보는 것이 그들과 그들의 아이디어를 존중하는 가장 좋은 방법이라는 사실을 배울 수 있어야 합니다. 또한 이로써 바람직한 사회적 상호작용의 기초를 마련할 수 있습니다.

둘째, 스스로 해결 방법을 찾고 나아가 다른 학생과 공유해 나가는 문화를 조성해야 합니다. 학생이 자신의 해결 방법을 이해하고 다른 학생의 이해를 도와야 한다는 사실을 인식하게 해야 합니다. 해결 방법을 잘 사용하는 것에서 학생의 책임이 끝나지 않음을 알려 주어야 하며 자신의 해결 방법을 기술하고 설명함으로써 다른 학생의 이해를 도울 수 있도록 지도해야 합니다. 이를 위해 다른 학생에게 배우고 학습하며, 다른 학생의 아이디어와 문제 해결 활동 과정에서 장점을 취하는 등 사용하기 좋은 정보를 받아들이는 것에 있어 학생들의 자율성과 동시에 책임을 강조해야 합니다.

셋째, 학습 과정으로서의 실수를 부정적으로만 생각하여 막지 말아야 합니다. 실수를 통해 배운 내용을 요약하고 다시 한 번 확인함으로써 실수로부터 어떻게 배울 수 있는지 설명하는 것이 바람직합니다. 필자는 학생들은 고 1이 되어 4월쯤 다항식의 나눗셈을 배운다. 주어진 과제는 삼차식 $x^3-2x+7$을 이차식 $x^2+1$로 나눈 몫과 나머지를 구하는 것이다. 이 과제는 정형적이지 않다. 보통은 몫으로 일차식이 나와도 단번에 끝나지 않는다. 상위권 학생은 위와 같이 풀지만 중위권에서는 아래와 같은 풀이가 나온다. 교사가 풀이해 주지 않으면 아래 경우와 같이 나눗셈을 한 번 더 하는 학생을 발견할 수 있다. 한 번 더 나눗셈을 하면 몫은 $x-\dfrac{3}{x}$, 나머지는 $7+\dfrac{3}{x}$이 된다. 이 풀이를 보는 순간 눈이 번뜩였다. 적당한 기회를 잡은 것이었다.

$$\begin{array}{r} x \\ x^2+1\overline{\smash{\big)}\,x^3-2x+7} \\ \underline{x^3+x} \\ -3x+7 \end{array}$$

$$\begin{array}{r} x-\dfrac{3}{x} \\ x^2+1\overline{\smash{\big)}\,x^3-2x+7} \\ \underline{x^3+x} \\ -3x+7 \\ \underline{-3x-\dfrac{3}{x}} \\ 7+\dfrac{3}{x} \end{array}$$

우선 실수를 한 학생의 풀이가 잘못됐다는 것을 본인은 물론 전체가 눈치 채지 못하게 표정 관리를 했다. 실수한 학생이 받을 상처를 고려한 것이었다. 이 실수를 두고 학급에서 토론이 이루어지는 동안 많은 논란이 오가고 엄청난 학습이 일어난다면 실수를 유발한 학생은 학급의 토론에 기여한 보상을 받을 수 있을 것이었다. 실수로 인한 상처보다 실수가 유발한 엄청난 학습량을 확실하게 인식시키기 위해 이 실수를 토론에 붙였다.

사실은 필자도 이 학생의 풀이에 충격을 받았다. 여태껏 이런 풀이를 본 적이 없었다. 하지만 이런 풀이가 있으면 다항식의 나눗셈에 관한 이론을 한 방에 정리할 수 있겠다는 판단이 들었다.

이 풀이에 대한 토론을 통해 학생들은 다항식의 나눗셈에서 정한 규칙과 정수의 나눗셈에서의 규칙을 저절로 비교하게 되었고, 다항식과 유리식의 차이점에 대해서도 토론하는 기회를 갖게 됐다. 결국 이 실수는 모두가 승리하는 수업으로 이어졌다. 교사 스스로도 그런 수업을 할 아이디어를 갖고 있지 않았지만 학생의 질문을 통해 더 잘 가르칠 수 있는 좋은 기회를 얻었다. 순전히 그 학생의 창의적인 아이디어 덕분이었다.

수업에서 필자는 위와 같이 훌륭한 풀이를 한 상위권 학생에게 아래의 풀이에 대한 이의를 제기하기를 요청하였다. 상위권 학생들의 흔들리는 모습을 발견했기 때문이었다. 놀라고 당황한 모습이 역력했다. 아니나 다를까 학생들은 위와 같은 자기들의 모범적 풀이에 대항하는 중위권의 풀이에 대해 그 잘못을 설명하지 못했다. 결과적으로 실수에서 나온 풀이는 상위권에게는 엄청난 충격을 주고 중위권에게는 의욕을 불러일으키는 계기가 되었다.

이처럼 건전한 사회 문화가 기반이 되어 해결 방법과 결과의 옳고 그름을 교사나 공부 잘하는 일부 학생의 권위가 아닌 수학적 논리에 따라 판단하도록 판단 기준을 교사와 학생이 함께 합의하여 정해 나갈 때, 진정한 수학 수업을 위한 사회 문화적 조건이 조성될 수 있으며 이를 통해 수학교육의 목표인 이해하는 수학 수업이 가능해질 것이다.

학생들이 수업에서 실수하기만 바랍니다. 학생의 실수는 아이디어 뱅크입니다. 실수를 하지 않는 학생은 문제 해결 과정을 암기하고 반복 연습만 하기 때문에 전혀 새로운 아이디어를 생각하지 않습니다. 새로운 것을 시도하는 학생은 많은 실수를 하게 마련이지만, 새로운 시도 속에서는 수많은 아이디어를 얻을 수 있습니다.

세상의 모든 인간관계란 쉬운 법이 없지만, 수업 속에서 학생들과 대화하고 관계를 맺는 일은 그 어떤 관계보다 복잡하고 어렵기만 합니다. 친구 같은 교사가 되어 잘해 주려고 하면 학생들은 도를 넘어 교사의 권위에 도전해 오기 일쑤고, 반대로 엄격하게 대하자니 이 또한 숱한 부작용을 불러일으키거든요. 복잡하고도 미묘한 수업 속 학생과의 관계를 우리는 어떻게 형성하고 유지해야 할까요?

수업 속에서 교사와 학생이, 학생과 학생이 서로 대화하며 들어 주는 관계가 이루어지지 않으면, 그 어떤 훌륭한 수업 내용과 방법이 있더라도 아무런 소용이 없습니다. 학생들의 이야기를 듣고 함께 나누는 수업 속 대화는, 우리의 수업을 진정한 배움의 장으로 한 걸음 다가서게 해줄 것입니다. 우리의 수업에는 어떤 사회 문화가 형성되어 있나요?

- 수업 속에서 학생들을 일관된 철학으로 대하는가?
- 수업 속에서 명확한 규칙이 작동하는가?
- 수업 속에서 충분한 존중의 관계가 유지되는가?
- 학생들이 대화에 참여할 여백이 있는가?
- 학생들의 말을 기다려 주고, 들어 주고, 공감해 주는가?
- 수업 속에서 학생들의 생각이 서로 잘 연결되는가?

## 3. 좋은 과제란 무엇인가

재미있는 영화를 만들기 위해서는 좋은 감독과 배우가 있어야 하지만, 무엇보다 중요한 것은 영화 시나리오입니다. 아무리 제작비를 많이 들여 화려한 장면을 찍어도 시나리오가 탄탄하지 않으면 관객에게 외면당할 수밖에 없겠지요. 수업도 마찬가지입니다. 학생들과의 관계가 잘 형성되어 있고 수업 속에서 대화도 많이 오고 가지만, 정작 가르치는 내용이 부실하다면 결코 좋은 수업으로 나아갈 수 없습니다.

수업에서 학생과 대화를 시도해 보면 대부분 난관에 봉착합니다. 여러 가지 이유가 있겠지만, 가장 큰 문제는 수업 내용이 학생이 반응할 만한 것이 아니라는 점입니다. 간혹 대답을 하더라도 자신의 생각을 이야기하기보다 정답만을 말하려는 경향을 보이지요.

많은 교사가 정답만을 맞히는 수업보다 학생의 다양한 생각이 표현되는 수업을 하고 싶어 합니다. 학생에게 적절한 질문이나 활동을 주어서 자기의 생각을 표현하게 하고, 그것을 바탕으로 학생과 대화하고 싶어 하지요. 그러나 이를 위해 교사가 수업 내용을 재구성하고 학생과 함께 배움이 있는 수업을 한다는 것은 마음만큼 쉽지가 않습니다. 그렇다 보니 우리는 학생의 시선을 끌 자료, 학생이 좋아할 만한 수업 방법을 찾아다닙니다. 이런 시도가 꼭 나쁜 것만은 아니지만, 좋은 연수와 남이 사용한 좋은 수업 자료에 자꾸만 의존하게 되면 수업 기획가로서의 교사는 사라지고 맙니다.

교사는 교과서를 벗어나 수업 내용을 새로이 기획하여 학생을 의미 있는 배움으로 이끌어야 합니다. 혼자서는 하기 힘든 일입니다. 수업 재구성에 대한 두려움을 극복하고 동료 교사와 함께 수업을 나누면서 새로운 수업을 만들어 볼 수 있을 것입니다.

수업의 핵심 사항 중 하나는 수업을 통해 학생이 주어진 과제를 해결하기 위한 방법을 고안하고 탐구함으로써 내용을 스스로 이해하게 하는 것입니다. 학생의 학습은 수업 시간에 어떤 활동을 하는가에 따라 결정되고, 어떠한 활동을 할지는 완성해야 할 과제에 따라 결정됩니다. 그렇다면 어떤 종류의 과제가 필요할까요?

첫째, 반성적으로 생각하고 의사소통할 수 있는 것이어야 합니다. 학생이 주어진 과제를 반성적으로 생각하고 각자의 경험으로 의사소통할 수 있게 하려면, 학생은 스스로 과제를 해결해야 합니다. 또 주어진 과제에서 흥미로운 부분이나 논란이 되는 부분은 학문적이어야 합니다.

둘째, 도구를 사용하는 과제여야 합니다. '도구'는 단순히 수학 교구만을 뜻하는 것이 아니라 의사소통을 위한 말과 기호, 그리고 선수 지식 및 기술 등 문제 해결에 사용할 수 있는 자료와 학생들이 이미 알고 있는 사실을 광범위하게 포함합니다. 문제를 해결하기 위해 학생들은 표, 방정식, 그림, 그래프 등을 사용할 수 있습니다.

다양한 도구를 사용하는 것은 '표현'을 위한 중요한 수단이 됩니다. 수업에서 학생은 자기 스스로의 생각을 키우고, 친구와 함께 협력적인 문제 해결 능력을 길러 결국 사고를 업그레이드하게 되는데, 그 과정에서 필요한 의사소통 수단이 바로 표현입니다. 자기 생각을 다른 사람에게 나타내는 '표현 학습'은 메타 인지 능력, 인과관계를 파악하고 설명하는 능력, 논리적인 사고력을 키워 줍니다.

셋째, 발전 가능성이 있어야 합니다. 과제를 해결하는 동안 수학의 구조에 대한 통찰을 하게 되거나 문제 해결을 위한 전략 및 방법을 익히게 되는 상황을 말합니다. 수학 개념 사이의 관계에 대해 반성적으로 생각하도록 하는 과제는 구조를 보는 통찰력을 길러 줄 수 있습니다.

다음 물음에 답해 봅시다.

- 교과서를 벗어나 수업을 재구성할 용기가 있는가?
- 수업 속에서 학생들이 수학적 의미를 발견하는가?
- 수업 속에서 학생들이 의문을 가지는가?
- 수업 속에서 학생들이 삶을 성찰하고 있는가?
- 주어진 과제가 원활한 의사소통을 유발하는가?
- 주어진 과제가 반성적이며 발전 가능성이 있는가?

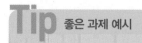 

핸드폰 회사 A는 한 달 기본요금 5만 원에 통화 1분당 400원의 요금을 부과한다. 핸드폰 회사 B는 한 달 기본요금 2만 원에 통화 1분당 1000원의 요금을 부과한다. A 회사가 유리할 때와 B 회사가 유리할 때는 언제인가? 나의 핸드폰 사용량을 볼 때 나는 어느 회사 요금제를 사용하는 게 더 유리한가?

소재로 삼은 핸드폰 요금은 요즘 학생들의 최고 관심사 중 하나다. 그래서 이 과제는 그들의 경험을 통한 의사소통이 가능하다는 장점을 지닌다. 그리고 자신의 요금제를 반성해 보는 계기를 제공할 수도 있다. 약점이 있다면 실제 요금제는 이보다 복잡하다는 사실이다. 그런데 보다 실질적인 요금제를 제시하면 일차방정식으로 표현되지 않을 가능성이 있고, 그렇게 되면 설정한 학습목표를 달성하기가 어렵게 된다. 또한 화폐가 고액인 우리나라 환경에서는 직선의 방정식으로 나타냈을 때 절편이나 기울기가 너무 크다는 약점도 있다. 하지만 적당한 정도의 축척, 예를 들어 1000원이나 10000원을 1로 취급하는 정도로 나타내면 약점을 극복하는 것도 가능하다.

좋은 과제를 만들려면 질문의 문구 하나하나에도 신경을 써야 한다. 두 회사의 요금이 같아지는 지점을 찾는 문제라면 생각을 편협하게 할 가능성이 있다. 특히 기울기에 따른 그래프 변화를 전혀 고려하지 않고 일차방정식을 푸는 것으로 교점을 구할 수도 있다. 그러나 질문을 보면 더 유리한 조건을 요구함으로써 교점 이후의 변화까지 살필 것을 요구하고 있다. 맥락이 계속적으로 살아 있어야 과제에서 원하는 정확한 답을 할 수 있다. 문구와 조건 하나하나가 과제를 죽어 있는 것으로 만들기도 하고, 과제에 생동감을 불어넣기도 한다. 더 유리한 조건을 찾으라는 과제는 실제적인 상황에서 수식으로 넘어온 이후에 수식을 푸는 것으로 문제를 해결하고 끝내는 나쁜 습관에 빠지지 않고, 끝까지 주어진 조건과 맥락에 맞는 생각을 지속하게 하는 역할을 한다.

## 수업 들여다보기 - 과제 구성의 원리

다각형의 내각의 합을 구하는 수업 활동지를 볼까요? 이 활동지에서는 다각형의 내각의 크기의 합을 구하는 방법을 크게 세 가지로 설명합니다. 다음은 그중 첫 번째 활동입니다.

다음 그림은 사각형과 오각형 모양의 색종이의 한 꼭짓점에서 그을 수 있는 대각선을 모두 그어 사각형과 오각형을 여러 개의 삼각형으로 나눈 것이다. 다음 물음에 답하여라.

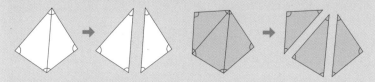

(1) 사각형과 오각형은 각각 몇 개의 삼각형으로 나누어지는가?

(2) 사각형과 오각형의 내각의 크기의 합은 각각 삼각형의 내각의 크기의 합의 몇 배인가?

이어지는 두 번째 활동은 다음과 같습니다.

다음 세 학생의 대화에 제시된 방법으로 문제를 해결하여라.

정빈) 칠각형의 내부에 한 점을 찍고, 그 점과 각 꼭짓점을 잇는 선분을 그어 보면 어떨까?

민지) 그렇게 하니까 삼각형이 일곱 개 생기네.

소현) 이 방법에서도 삼각형의 내각의 크기의 합이 180도임을 이용하면 되겠어.

정빈) 그런데 칠각형의 내부에 찍은 한 점에서 생기는 일곱 개의 각의 크기는 칠각형의 내각의 크기의 합에 포함되지 않는다는 사실에 주의해야 해.

----

----

----

• n각형의 내각의 크기의 합을 위에 제시된 방법으로 표현해 보자.

다음은 세 번째 활동입니다.

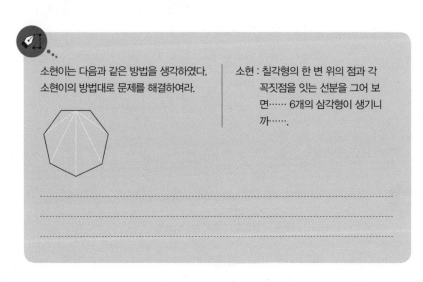

소현이는 다음과 같은 방법을 생각하였다. 소현이의 방법대로 문제를 해결하여라.

소현 : 칠각형의 한 변 위의 점과 각 꼭짓점을 잇는 선분을 그어 보면…… 6개의 삼각형이 생기니까…….

----

----

----

이 교사는 수업 의도를 삼각형의 내각의 크기의 합을 이용하여 다각형의 내각의 크기의 합을 구하는 다양성에 두었습니다. 그래서 보통 교과서에 제시되는 첫 번째, 두 번째 활동에 세 번째 활동을 추가하였습니다.

그리고 수업에서는 어떤 방법을 사용하더라도 결과적으로 n각형의 내각의 크기의 합은 $180° \times (n-2)$라는 식으로 일반화할 수 있다는 사실을 보여주었습니다. 잘 짜인 수업이라고 생각할 수 있겠습니다.

그러나 다른 측면에서도 한번 바라보지요. 이 수업에서 학생은 무엇을 얻을 수 있었을까요? 다양한 방법은 누가 발견한 것인가요? 활동지가 다양한 방법을 차례로 제시하였습니다. 교사는 이 수업을 디자인할 때 다양성을 고려하였지만 실제로 학생은 그 어떤 방법도 스스로, 자기주도적으로 구성하지 않았습니다. 그저 순서에 따라 활동지에 있는 과제를 해결해 갔을 뿐입니다. 그런 면에서 이 수업은 결론을 이끌어 내기 위한 구조화된 질문의 연속이었습니다. 전통적인 행동주의 교육철학의 수업에서는 정해진 학습목표를 달성하기 위해 교사가 주도하여 단계형 발문을 던집니다. 이때 던지는 발문은 대부분 폐쇄적입니다. 그래서 학생의 답변은 단답형, 즉 반응이 하나뿐인 답변일 가능성이 많습니다.

다양성을 보여 주고, 학생이 그것을 일반화하는 과정에까지 이르게 하려면 수업을 어떻게 디자인해야 할까요? 학생 스스로가 지식을 구성하게 하는 구성주의 교육철학에 입각한 수업을 진행하고자 한다면 발문이 무엇이어야 할까요? 어떻게 발문을 하면 학생이 내각의 크기의 합을 구하는 일반적인 방법을 스스로 발견할 수 있을까요?

첫 질문으로 열린 질문을 던지는 방법을 생각할 수 있습니다. 지금처럼 다각형을 삼각형으로 쪼개도록 직접 지시하는 대신 주어진 다각형의 내각의 크기의 합을 구하는 방법을 구안해 내라고 하면 어떨까요? 여기 나온 세 가지 방법 중 일부만 발견할 수도 있고, 더 많은 방법을 발견할 수도 있겠지요. 만약 세 가지 방법 중 일부를 발견하지 못한다면 교사가 나머지 방법을 제시하면 됩니다. 만약 세 가지 방법 이외의 새로운 방법을 학생이 발견한다면 교사도 새로운 방법을 더 학습하는 계기가 되겠지요. 교사만 한 학생은 없다지만 교사를 능가하는 학생도 있음을 생각하면 교사에게도 매 시간 배움이 일어날 수 있습니다.

**Tip** **선행학습한 학생을 수업에 끌어들이려면?**

수학교사에게 선행학습은 수업에 아주 큰 장애가 된다. 그래서 선행학습한 학생을 잡을 수 있는 수업 방법에 대해 고민할 필요가 있다. 선행학습의 약점, 즉 학생들이 아직 어리기 때문에 또는 빨리 진도를 나가기 때문에 생기는 문제점을 공략한다면 답을 얻을 수 있다.

학생에게 이미 선행한 개념을 그냥 던져 주면 이미 배운 것으로 착각하여 교사의 지시나 수업에 집중하지 않게 된다. 배울 개념을 그냥 주는 것이 아니라 그 개념을 발견하도록 이끄는 탐구 활동으로 수업 내용을 꾸민다면 선행학습한 학생들의 참여를 끌어낼 수 있다.

## 4. 교육과정에 대한 이해

국가 수준의 교육과정은 교과서로 나타납니다. 그러나 수학교사는 수학교과서를 보기 전에 국가 수준의 교육과정을 보았어야 하며, 이를 구현한 수학교과서를 교육과정적인 측면에서 바라볼 수 있어야 합니다. 수학교사가 새로운 교육과정을 개인적으로 공부하고 대비하는 것은 쉽지 않은 일입니다. 교내의 다른 수학교사와 협력하여 나름대로 새로운 교육과 정에 대한 공부를 해야만 하지요.

시간이 허락하는 범위에서 우선 자기가 가르치는 학년의 교과서 내용 전체를 훑어보아야 합니다. 그리고 다른 학년의 책도 살핍니다. 그런 다음 하급 학교, 즉 중학교 교사는 초등학교, 고등학교 교사는 중학교의 교과서를 틈나는 대로 읽어 보며, 자기가 가르치는 학년의 내용과 연관된 부분을 찾아 그 위계를 파악해야 합니다. 실제로 초등학교 교과서의 서술 방식은 중학교에서 상상하는 것과 전혀 다릅니다. 이를 알아야 중학생에게 어떤 식으로 새로운 개념을 설명할지 판단할 수 있습니다.

교과서를 보는 것보다는 원초적으로 교육과정을 개관하는 것이 바람직합니다. 교과서는 교육과정을 풀어 쓴 것이기 때문에 교과서 존재 근거인 교육과정을 보는 것이 내용을 정확하게 파악하는 데 도움이 됩니다. 교육과정에는 각 학년별, 영역별로 내용이 구성되어 있어서 위계를 찾기가 쉽습니다.

2007 개정 교육과정에서 만들어진 익힘책이나 익힘책이 없어진 2009 개정 교육과정 교과서의 연습 문제 중에는 교육과정의 성취기준을 어긴 문제가 상당히 많습니다. 이는 교과서 심사 위원이 교육과정의 성취기준을 정확히 적용하지 않았기 때문입니다. 한편, 교과서의 연습 문제는 말 그대로 연습을 위한 것이지 실제 평가를 위한 것이 아니기 때문에 교육과정의 성취기준에 맞는 문제만으로 한정할 필요가 없다는 주장도 존재합니다. 일리가 있지요. 하지만 교과서의 연습 문제와 달리 정규 고사에서 학생의 성취도를 판단하는 시험문제로는 교과서에 나오는 문제라고

해서 아무것이나 출제할 수 있는 게 아니며, 반드시 성취기준을 준수하는 것이 원칙입니다.

현재의 교육과정 운영 방침은 학습자 중심 교육과정을 표방하고 있기 때문에 교육과정이나 교과서보다는 학생의 사고 과정이나 학습 수준 중심으로 교과서를 재구성할 수 있습니다. 당연히 수학교사에게는 교과서의 진술 순서와 방식을 얼마든지 수정해서 가르칠 권한이 있습니다. 예를 들어 중 1 함수 단원과 통계 단원은 여름방학을 전후로 그 순서를 바꿀 수 있습니다. 중 3 2학기에 가르치는 피타고라스의 정리, 원, 삼각비 단원은 내용 면에서 볼 때, 삼각비는 피타고라스의 정리를 통해 도입을 하게 되므로 피타고라스의 정리에 이어 삼각비가 지도되어야 하는데, 2007 개정 교육과정 이전까지는 피타고라스의 정리와 삼각비 사이에 원이 끼어 있었습니다. 이때 일부 학교는 피타고라스의 정리에 이어 삼각비를 지도하기도 했습니다.

중 2 연립일차방정식도 교육과정이 분리되어 있습니다. 교육과정에서 연립일차방정식의 해는 먼저 일차함수의 그래프와 무관하게 가르치다가 나중에 일차함수의 그래프를 학습한 이후에 다시 일차함수의 그래프와 연립방정식의 해의 관계를 학습하는 이중의 방법으로 지도됩니다. 하지만 이는 개념의 연결성을 고려하지 않은 것으로, 연립의 의미를 기하학적인 것과 더불어 구체적인 상황에서 지도하는 변화가 필요합니다. 이미 학생들은 중 1에서 일차방정식의 풀이를 배웠고, 함수를 글이나 그래프, 순서쌍, 관계식 등 다양한 방법으로 표현할 수 있다는 것을 배웠기 때문에 얼마든지 통합적인 지도가 가능한 부분입니다.

학생들이 싫어하는 '증명'이라는 단어가 처음 나오는 시기는 언제인가? 2009 개정 교육 과정에서 처음으로 증명이라는 용어가 고 1로 올라갔다. 이전까지는 중 2에 등장했다. 그 래서 논증 기하는 중학교에서 주로 다루었다. 증명이라는 용어가 고등학교로 올라갔지 만 고등학교 기하학은 논증 기하가 아닌 해석 기하가 주를 이루므로 논증 기하는 여전히 중학교 교육과정의 몫으로 남아 있다.

2009 개정 교육과정부터는 과거의 '증명할 수 있다'를 '이해하고 설명할 수 있다'로 고 쳐 제시하였다. 황혜정 외(2011)는 이해하고 설명할 수 있다는 것을 증명 대신 '정당화 (justification)'로 표현하였다고 설명한다. 정당화란 자신의 주장 또는 믿음을 타인에게 이 해시키려는 시도다. 즉, 정당화에 의한 기하 교육을 강조하는 것이다.

이는 2009 개정 교육과정에서 강조한 내용인 창의성이 학생 자신의 경험과 생각을 바 탕으로 자발적이고 능동적으로 자신의 지식을 적절히 조합하고 재구성하여 문제를 해결 할 때 발휘되고 성장된다는 구성주의 교육철학과 일치하는 학습 요소라고 할 수 있다.

정당화로 탈을 바꿔 쓴 증명은 여전히 수학교육에서 대단히 중요한 위치를 차지한다. 그래서 증명 교육의 목적은 대단히 중요하다. 그런데 현재 우리나라 교육과정에서 구현 하고자 하는 증명 교육의 목적을 나타내는 지표로서의 수학교과서의 구성을 보면 증명 교육이 기성 수학의 나열에 불과하다는 사실을 쉽게 발견할 수 있다. 유클리드의 기하학 원론이 교수학적인 변환을 거치지 않고 거의 그대로 중학교 교과서에 들어와 있어 엄격 한 논증 기하를 답습하는 형태로 학습이 이루어지고 있다.

프로이덴탈은 안내된 재발명으로서의 수학, 국소적 조직화 등을 통한 기성 수학의 변 환을 주장했지만 우리 수학교과서는 이런 것들을 반영하지 못하고 있다. 한나는 증명 의 분류 연구에서 증명을 증명하는 증명(proofs that prove)과 설명하는 증명(proofs that explain)으로 나눈다. 이렇게 나눈 이유는 모든 증명을 다 가르칠 필요는 없다고 생각했 기 때문이다. 증명하는 증명은 그야말로 그 증명만을 위한 것이기 때문에 굳이 학생에게 강조될 필요가 없지만, 설명하는 증명은 반드시 가르쳐야 한다.

예를 들면, 1부터 $n$까지의 자연수의 합이 $\frac{n(n+1)}{2}$이라는 명제를 증명할 때, 수학적 귀 납법으로 증명하는 방법이 증명하는 증명이다. 거의 설명적 가치는 갖지 못하고 그 명제 가 참이라는 사실을 증명할 뿐인데, 그것이 참인 이유는 알려 주지 못한다. 반면 설명하 는 증명은 다음과 같이 합의 두 가지 대칭적 표현을 더해서 그 명제가 참이 되는 이유를 보여 줄 수 있다.

$$S_n = 1 + 2 + 3 + \cdots + (n-1) + n$$
$$S_n = n + (n-1) + \cdots + 3 + 2 + 1$$

두 식을 변끼리 더해 2로 나누면 $S_n = \dfrac{n(n+1)}{2}$임을 얻을 수 있다. 두 증명의 가치는 명확히 구분된다.

# 03 | 미래를 향한 수업 방법론

## 1. 5단계 수업 진행론

전통적인 수업 시스템에서 교사의 역할과 책임은 다음과 같이 정리할 수 있습니다. 우선 자기의 생각을 분명하게 설명해야 합니다. 그날 학습할 내용과 학습목표를 분명하게 제시해야 하지요. 그리고 절차를 증명하여 학생이 이를 따라 하게 하고, 충분한 연습을 통해 절차를 빠르고 정확하게 수행할 수 있도록 해야 합니다. 우리 교과서에서 대부분 내용을 먼저 설명한 다음 적당한 예제로 시범을 보이고, 그 뒤에 비슷한 문제를 제시함으로써 학생이 모방을 통해 문제를 해결하도록 하는 방식이 이런 수업 형태와 전형적으로 부합됩니다.

이런 시스템에서는 학생의 발전 가능성을 신중하게 고려할 수 없습니다. 학생이 어떻게 이해하는지 확인하지 못하고 중요한 반성적 사고와 의사소통을 허용하지 않으니까요.

수업을 준비할 때 가장 중요한 것은 학습목표를 잡는 일과 과제를 만드는 일입니다. 학습목표라고 할 수 있는 교육과정의 성취기준이 두루뭉술하고 교과 내용 중심적이므로 수학적 과정 또는 수학 핵심 역량을 첨가하여 보다 구체적인 학습목표를 세우는 작업이 필요합니다. 그리고 교과서의 과제가 괜찮으면 그냥 이용해도 되지만 교과서 과제는 대부분 학생을 수업에 능동적으로 참여하도록 이끌 만한 것이 되지 못하고, 그런 수업을 전제로 만들어진 것이 아니라 교사 중심의 행동주의 교육철학에서 만들어진 것이므로 그대로 쓰기에는 무리가 많습니다. 그래서 우리나라 여건에서는 학습목표와 과제를 만드는 것이 더 중요한 관건이 됩니다.

## Tip 중 2 연립일차방정식의 지도에서 학습목표 구성

교사는 연립방정식의 해의 의미를 두 직선의 교점으로 이해시키고자 하는 의도를 지닌다. 연립의 의미를 기하학적인 것과 더불어 구체적인 상황에서 지도할 목적이었다. 교육과정에서는 일차함수의 그래프가 나중에 나오지만 이 교사는 일차함수의 그래프를 이용하여 연립일차방정식의 해의 의미를 이해시키는 것의 중요성을 생각하여 일차함수의 그래프를 지도한 후 연립일차방정식을 지도하도록 순서를 정했다. 교사는 연립일차방정식의 학습목표를 다음과 같이 설정할 수 있다.

① 평행이 아닌 두 직선은 교점을 가진다(한 점에서 만난다). 이때 교점은 두 직선의 방정식의 동일한 $x$ 값과 $y$ 값을 갖는 곳을 나타낸다는 사실을 인식한다.
② 두 함수의 그래프는 교점에서 서로 위치를 바꾼다는 사실과, 기울기가 작은 직선이 교점 이전에는 위에 있다가 교점 이후에는 아래에 있게 된다는 사실을 이해한다.

③ 각 직선의 방정식에서 기울기와 절편을 찾아 표, 그래프, 직선의 방정식, 그리고 주어진 상황을 연결할 수 있다.

④ 수학에서 배운 개념을 이용하여 주변의 실제 문제를 해결함으로써 수학이 유용함을 느끼고, 수학에 대한 긍정적인 태도를 기른다.

⑤ 자기 자신에게 닥친 문제를 스스로 해결하는 경험을 통해 자기주도적인 문제 해결 능력을 키운다.

⑥ 다른 사람이 해결한 방법을 경청하여 이해하고, 자신이 해결한 방법과의 연결성을 찾아 한 문제를 해결하는 데는 다양한 방법이 있음을 깨닫고, 그중 보다 효율적인 방법이 무엇인지를 토의한다.

처음 세 개는 인지적 학습목표, 나머지 세 개는 정의적 학습목표라고 할 수 있다. 인지적 영역에서는 연립방정식의 해의 의미를 각 방정식이 나타내는 도형의 교점으로 이해하는 다소 구체적인 조작 활동 내지는 시각적 활동, 기하학적 활동을 통해 식의 의미를 보다 풍부하게 풀어내고, 대수와 기하 사이의 연결성을 강화하려는 의도가 보인다. 직선의 방정식에서도 다양한 표상(representation)의 의미를 연결하고자 하고 있다. 수학적 과정(mathematical process)에서 강조하는 의사소통 능력, 연결성 등을 고려한 측면도 드러난다.

정의적 영역의 학습목표까지 구체적으로 설정하면 과제를 만들 때는 물론, 수업을 진행할 때도 결정적 지침이 된다. 학생 스스로 문제를 해결하게 하려면 교사는 문제의 해결 과정에 깊이 관여하기보다 과제를 설계하는 과정에서부터 학생이 개인적으로 또는 그룹으로 타인과의 경청과 협력의 관계를 통해 자기주도성을 기를 수 있도록 도와야 한다. 그래서 수학적 개념을 주입하고 규정하기보다 스스로 발견할 수 있도록 과제를 설계해야 한다.

학습목표는 교육과정에 주어진 성취기준대로만 세워야 한다고 주장하는 이도 있지만, 교육과정에서도 교사가 기획력을 발휘하여 교사 교육과정을 만들도록 규정하고 있는 만큼 국가 수준에서 주어진 성취기준에, 수업하는 학생의 배경지식과 환경, 그리고 교사의 교육철학과 수학과 핵심 역량 등을 잘 조합하여 재구성할 필요가 있다.

학습목표를 상세하고 정확하게 재진술하고 거기에 맞는 과제를 만들었으면 이제 교사는 5단계의 과정을 거쳐 수업을 실행합니다. 이것은 스미스와 스테인의『효과적인 수학적 논의를 위해 교사가 알아야 할 5가지 관행(이하『5관행』)』에 소개된 방법입니다.

좋은 수업이 이루어지는 수학교실에서 학생의 발표와 활발한 참여, 그리고 원활한 의사소통은 빼놓을 수 없는 요소입니다. 그렇기에 교사는 좋은 과제를 준비하고, 학생들이 과제를 협동적으로 해결할 수 있는 환경을 조성하며, 학생에게 자신의 풀이를 공유하고 정당화할 수 있는 기회를 제공하지요. 하지만 이런 노력에도 교사는 여전히 허전함을 느낍니다. 학생들이 뭔가 발표하긴 했는데, 교사가 원하는 학습목표가 달성되었을까요? 학생의 논의를 좀 더 깊이 이끌지 못하고 어정쩡하게 끝낸 것은 아니었을까요? 여러 질문이 멈추지 않는 상황에 처할 때『5관행』의 방법은 시원한 해결책으로 다가옵니다.

### ① 예상하기

예상하기는 교사가 수업 전에 학생이 주어진 과제에 수학적으로 어떻게 접근할지를 적극적으로 생각해 보는 일입니다. 학생의 반응을 예상하는 것은 학생이 주어진 과제를 수학적으로 어떻게 해석할 것인가와, 그것이 옳은 것이든 옳지 않은 것이든 그 과제를 해결하면서 사용할 수 있는 일련의 전략, 또한 해석이 교사가 학생이 학습하기를 바라는 수학적 개념, 표현, 절차, 그리고 관행과 어떻게 관련될 수 있는지 주의 깊게 기대하는 것을 포함합니다.

예상하기에서는 교사들이 가능한 한 다양한 방법으로 그 과제를 풀

지금 가르치는 게 수학 맞습니까?

어 볼 필요가 있습니다. 때로는 동료 교사와 함께 그 과제로 활동해 보면서 예상 가능한 반응을 검토하고, 과제에 내재된 수학적 아이디어 중 학생의 학습에 관한 것을 사전에 정리함으로써 수업 시간에 학생의 논의를 끌고 갈 방향을 어느 정도 예측할 수 있는 데까지 준비할 수 있습니다. 따라서 가장 낮은 수준의 해결 방법과 가장 높은 수준의 해결 방법까지를 모두 망라하여 예상하는 것이 아주 중요하겠지요.

## ② 점검하기

학생의 반응을 점검하는 것은 수업 시간에 해야 하는 일 중에서도 가장 어려운 일입니다. 30명이 넘는 학생 각각의 반응은 30가지가 될 수도 있지만, 보통은 대여섯 가지로 정리됩니다. 이를 점검하려면 학생의 수학적 사고와 해결 전략에 세심한 주의를 기울여야 합니다. 그래서 과제를 제시하고 학생이 개별적으로 또는 모둠별로 해결하는 동안 교사는 교실을 순회하면서 점검하지요. 이러한 관찰을 통해 이후 전체 공유 시간에 무엇을 누구에게 맞출 것인지 결정할 수 있게 됩니다.

점검하기를 잘하기 위한 한 가지 방법은 수업 시작 전에 예상하기를 통해 나온 결과로 다음 표와 같은 목록을 만드는 것입니다. 여기서 기타란은 교사가 미처 예상하지 못했던 아이디어를 기록하는 공간이고, 순서는 4단계인 계열 짓기와 관계가 있습니다.

| 전략 | 누가 그리고 무엇을 | 순서 |
|---|---|---|
| 전략 1<br>단위 비율 | | |
| 전략 2<br>배율 인수 | | |
| 전략 3<br>늘리기 | | |
| 전략 4<br>덧셈적 증가 | | |
| 기타 | | |

## ③ 선정하기

전략을 점검하는 동시에 교사는 특정 학생을 선정하여 나머지 학생과 함께 수업을 진행할 계획을 세웁니다. 수업의 수학적 목표와 함께 각 학생의 반응이 어떻게 그러한 목표에 기여할 것인지에 대한 교사의 평가에 따라 교사는 특정 학생과 그 해결 방법을 선정합니다.

선정하기는 두 단계로 진행됩니다. 먼저 여러 학생 또는 그룹의 다양한 전략 중 학습 진행에 꼭 필요한 전략을 선정한 다음, 그 전략을 학급에 발표하고 표현할 당사자를 선정합니다. 발표자를 선정할 때는 그룹에서 뛰어난 학생보다 발표를 통해 수학 자신감을 가질 만한 학생을 선정하여 발표를 계기로 수업에 집중할 수 있는 기회를 마련해 주는 것이 효과적입니다.

## ④ 계열 짓기

발표할 학생이 선정되면, 학생의 발표를 어떻게 배열할 것인지 결정할 수 있습니다. 학생의 활동을 공유하는 순서를 의도적으로 배열하면 논의에서 수학적인 목표를 달성할 기회를 극대화할 수 있습니다. 예를 들어, 소수의 학생만 사용한 전략을 발표하기 이전에 대다수 학생이 사용한 전략을 발표하게 하면 많은 학생이 했던 활동의 타당성을 먼저 입증하고, 가능한 많은 학생이 함께 논의를 시작할 수 있습니다. 구체적인 전략에서 시작하여 보다 추상적인 전략으로 나아가게 할 수도 있겠지요. 구체적인 것에서 추상적인 것으로 나아가는 접근 방법은 덜 정교한 접근 방법까지 타당한 것으로 여기게 하고, 접근 방법 사이의 연결을 가능하게 합니다.

## ⑤ 연결하기

마지막으로 교사는 수업에서의 핵심적인 수학 아이디어끼리의 연결뿐만 아니라, 학생 자신의 해결 방법과 다른 학생의 해결 방법을 서로 연결하도록 돕습니다. 교사는 학생이 해결할 수 있는 문제에 대한 다른 접근 방법과 결과에 대해서 판단하고, 문제를 해결할 때 어떤 방법이 정확하고 효율적인지, 가장 쉽게 식별할 수 있는 수학적 패턴의 종류는 어떤 것인지를 판단하도록 도울 수 있습니다. 여기서의 목적은 특정 문제를 해결하기 위한 다양한 방법을 개별적으로 발표하는 게 아니라, 학생이 서로의 발표를 기초로 하여 발표하게 함으로써 강력한 수학적 아이디어를 개발하게 하는 것입니다.

연결하기의 또 하나의 과업은 학생의 아이디어와 그날 교사가 의도했던 학습목표와의 괴리를 메우는 일입니다. 학생의 전략 또는 아이디어가 학습목표에 100퍼센트 부합하기는 쉬운 일이 아니지요. 그러므로 대부분의 수업 장면에는 그 간극이 존재할 것인데, 수업을 정리하는 장면에서 교사는 이 간극을 최대한 연결해 주는 역할을 해야 합니다.

## Tip 수업에서 학습목표의 제시

많은 경우 수업에서는 학습목표를 칠판에 명시하고 수업을 한다. 전통적인 행동주의 철학에서 교사가 학습목표를 설명하고 학생은 거기에 따르도록 한 것이 그 시작이었다. 그런데 이제 구성주의 교육을 하는 시대가 되었는데도 여전히 학습목표를 명시적으로, 그것도 수업의 시작에서 밝히도록 강요받고 있다. 심지어 학생의 배움 중심 철학을 실천하는 수업 혁신학교에서도 이런 현상을 자주 볼 수 있다.

드물지만 학습목표는 암시되어야 한다고 생각하여 이를 실천하기 위해 수업을 디자인하는 수업 혁신학교가 있다. 이 학교에서는 수업 중간에 학생 입에서 학습목표가 나오면 수업하는 교사나 관찰하는 교사 모두의 입가에 미소가 흐른다. 마음속에서 "오늘 수업은 성공이다" 하고 외친다. 이것이 자기주도적 학습의 한 단편이다.

전통적인 수학 교수법, 즉 교사가 개념을 설명하고 예제를 시범적으로 풀어 준 뒤에야 비로소 학생에게 모방의 힘을 발휘하여 교과서에 나온 비슷한 문제를 풀게 하는 교수법에서 벗어나 학생이 교과서나 활동지를 보고 친구와 같이 학습하는 과정에서 스스로 학습목표를 발견하는 것이 가능하도록 수업을 디자인하는 일이 교사가 밤새 준비할 일인 것이다.

지금 가르치는 게 수학 맞습니까?

## 2. 침묵으로 가르치기

핀켈의 『침묵으로 가르치기』에서는 '말로 가르치기'와 '침묵으로 가르치기'의 두 가지 교수법이 대립을 이룹니다. 저자인 핀켈은 말로 가르치기가 잘못된 방법이라거나 필요가 없다고 주장하는 것이 아닙니다. 핀켈은 듀이의 이론 가운데, 생각이나 개념은 다른 사람에게 전달할 수 없다는 주요 원칙을 인용합니다. 교사가 침묵하는 대신 책(교재, 과제)이 말하게, 학생(친구)이 말하게, 활동지가 말하게 하라는 것이지요.

아울러 핀켈은 수업 시간에 다루는 소재로는 좋은 것을 골라야 함을 강조합니다. 결국 수업의 성공은 그날 다루는 소재 또는 과제에 달렸다 해도 과언이 아닙니다. 교사의 역할과 태도 역시 중요합니다.

> 첫째, 교사는 말로 가르치지 않고 탐구할 문제만 제시한다.
>
> 둘째, 학생은 교사의 설명을 듣고 배우는 것이 아니라 직접 문제를 고민하면서 배운다.
>
> 셋째, 학생이 적극적 자세로 문제를 고민하면서 배운다면 교사가 말로 가르치지 않을 수 있다.

좋은 과제를 만드는 데 성공한 교사는 그 과제의 의미와 해결 방안을 알고 있다 하더라도 다음 두 가지 이유에서 그 내용을 학생에게 말해 주면 안 됩니다. 첫째, 좋은 과제라면 그 깊은 뜻을 한 번에 알아내기가 쉽지 않고, 꼭 정해진 정답이 없을 수도 있습니다. 깊이 있게 고민한다면 교사보다 더 그럴듯한 해결책을 내놓는 학생이 나올 수 있습니다. 교사가 미리 해석하고 정리해 주면 학생 스스로 알아낼 수 있는 이런 소중한 기회를 빼앗는 셈이 되겠지요. 둘째, 과제의 의미를 말로 쉽게 가르칠 수 있다면 그 과제는 좋은 과제라고 보기 어렵습니다. 좋은 과제는 자기주도적인 활동과 협력 활동 등을 통해서 그 의미를 더 깊이 깨달을 수 있어야 합니다. 이런 과제를 만든 교사는 침묵으로 가르칠 수 있습니다. 학습 활동을 이끌어 줄 때만 말하고, 나머지는 과제가 말하게 하는 것이지요.

## Tip "나는 알고 있지만 알려줄 수 없다"

과제의 답을 학생 스스로 찾을 때까지 알려 주지 않으려는 교사를 본 적이 있다. 2006년 경남 진해에서 제5회 한일중등학교수학수업연구회가 열렸다. 이틀간의 일정 중 마지막 순서였던 일본 교사와 한국 고등학생의 수업에서 미처 과제를 다 해결하지 못한 채 수업 시간이 종료되었다. 한국 학생들은 다시 만날 기회가 없으니 답이라도 알려 달라고 요구하였다. 일본 교사가 애써 거절하면서 남긴 말이 아직 귀에 쟁쟁하다.

"나는 오늘 떠나니 여러분과 이 과제를 끝까지 같이 해결하지 못하는 게 아쉽지만 답을 알려 주지는 않겠습니다. 내가 답을 알려 주지 않는다면 여러분 중 몇 명은 자기주도적으로 계속 도전하여 이 과제를 해결하려고 노력할 것입니다. 그러나 만일 내가 답을 지금 알려 준다면 아무도 이 과제에 더는 도전하지 않을 것입니다."

마이어도 비슷한 말을 남겼습니다.

가르침은 주로 듣는 것이고 배움은 주로 말하는 것이다. 학생이 먼저, 교사는 그 다음이다.

지금 가르치는 게 수학 맞습니까?

## 수업 준비는 밤에 하고 수업 시간에는 침묵으로

핀켈의 철학을 정리하면, 교사는 수업 시간에 말로만 가르치려 하지 말라는 것입니다. 수업 진행에 관련된 어느 정도의 말은 필요합니다. 그리고 이론적인 설명과 정리를 위해서 말로 가르쳐야 하는 시간도 있습니다. 그러나 대부분의 철학은 학생의 학습 활동이 먼저 이루어진 후 교사는 나중에 나서야 한다고 주장합니다.

그러기 위해서는 수업 전에 준비를 철저히 해야 합니다. 교사가 해야할 가장 큰 일은 괜찮은 과제를 만드는 일입니다. 기존의 것을 이용할 수도 있지만 때로는 독창적으로 만들어야 합니다. 그리고 학습을 잘할 수 있도록 활동지를 만들기도 해야 합니다.

원활한 수업 진행을 위해서는 학생의 상태를 파악하는 것이 중요한데, 이때 두 가지 방법을 사용할 수 있습니다. 그중 한 가지는 시간적 여유가 충분한 경우에 사용할 수 있는 방법으로, 미리 과제를 주고 그 과제에 대한 학생의 생각을 체크해 두는 것입니다. 숙제를 미리 건다고 생각하면 되겠지요. 각 학생의 생각을 정리하면 어떻게 의사소통하게 할지 구상할 수 있고, 그 구상대로라면 한 시간의 수업이 물 흐르듯 진행될 것입니다. 그러나 이 방법은 교사의 여가 시간을 많이 빼앗는다는 약점을 지닙니다. 대신 쓸 수 있는 방법은 수업 시간 처음 1/4 정도 또는 필요하다면 그 이상의 시간을 학생의 다양한 생각과 질문을 모으는 데 쓰는 것입니다.

## 지식 왜곡론

수학 수업 시간의 전형은 교사가 적어도 새로운 개념까지는 설명을 하는 것이지요. 정의라든가 정의의 예시, 보기 등을 설명하기도 하고, 예제를 하나씩 풀어 주기도 합니다. 예제는 교과서에서도 풀이를 보여 주고 있습니다. 그런데 수업을 녹화하고 전사록을 작성하여 교과서의 개념 설명과 교사의 설명을 비교해 보면 깜짝 놀랄 때가 많습니다. 교과서 개념 설명은 그 개념을 이해하기 위해 꼭 필요한 내용만으로 간결하고 정확하게 제시되어 있는데, 그걸 쉽게 풀어 낸다고 하는 교사의 설명은 훨씬 길고 복잡합니다. 어려운 내용까지 동원되기도 합니다.

왜일까요? 학생이 교과서 설명만으로는 이해하기가 어렵다고 판단한 것일까요? 아니면 교과서의 설명이 스토리나 맥락 없이 너무 추상적이어서 구체적이고 재미있는 요소를 가미하여 동기를 유발하려는 목적일까요? 그것도 아니면 자기가 밤새 열심히 수업을 준비했다는 사실을 은근히 보임으로써 학생의 마음을 잡고 싶은 걸까요?

무한급수가 무엇인가, 그것만 이해하면 되는데 무한의 역사에서부터 무한의 쓰임새까지, 심지어는 대학 과정의 전공 수학까지 끌어와 무한의 개념을 설명하는 것이 과연 무한급수의 개념을 잘 이해시키는 방안일까요? 그리고 그 내용을 열심히 노트 정리한 학생들은 집에 가서 무엇을 학습해야 할까요?

책이나 교재를 통해서가 아니라 교사가 전달하는 지식은 학생에게 오류투성이 정보를 전하기도 합니다. 교사가 매우 정확한 인식 체계를 가졌다 하더라도 그걸 학생에게 전달하는 데는 한계가 있습니다. 또한 그걸 듣는 학생도 각자의 조건에 따라서 인식의 차이를 형성하게 되지요. 지식이 교사에게 인식될 때부터 잘못된 정보를 포함할 수도 있는데, 이게 학생에게 전달되면서 또 잘못된 인식을 낳는 것입니다. 따라서 지식의 전달이 교사에서 학생에게 이어지는 매 순간, 인식의 오류가 생길 가능성이 존재하는 것이지요. 그러므로 수업에서는 기본적으로 학생이 개념 설명을 스스로 먼저 읽고 이해하게 하며, 그 이해한 정도가 미약할 때 교사가 설명을 더해도 늦지 않습니다.

　지식의 왜곡이란 학습자가 정확한 지식을 스스로 보고 이해하기 전에 다른 사람의 장황한 설명으로 지식에 대한 선입견을 갖게 되어 정작 지식을 접했을 때는 이미 왜곡된 방식으로 학습하게 되고, 지식의 정확한 학습에 방해를 받을 수 있음을 말합니다. 애슬럭은 『초등수학 교수법』에서 수학의 개념을 충분히 이해하기 전에 기계적 절차를 학습하는 것은 이후 이어지는 의미 있는 학습에 방해가 된다고 설명하였습니다.

## 제3구 처리론(즉답 vs. 포커페이스)

탁구나 테니스 등 서브로 시작하는 운동에서는 제3구를 처리하는 방법이 중요합니다. 서브가 일종의 공격이므로 상대방의 수비로 다시 넘어온 공을 공격하는 것이 제3구 공격입니다.

　탁구에서 서브가 제1구라면 리시브는 제2구, 그다음이 제3구 공격입니다. 시합 중 제3구에서 결정되는 포인트는 전체의 20~50퍼센트나 됩니다. 제3구 공격을 잘하기 위해서는 제1구인 서브가 좋아야만 합니다. 서브가 나쁘면 제3구 공격은커녕 상대방에게 제2구 공격을 허용할 수도 있습니다. 제3구 공격은 서브 연습과 함께 이루어져야 효과적입니다.

이를 수업에 적용한다면, 교사가 처음 학생에게 던지는 질문이 제1구, 교사의 질문에 대한 학생의 답변이 제2구입니다. 그리고 그 답변에 대한 교사의 처리가 제3구입니다. 교사의 첫 발문이 중요함은 강조할 것도 없습니다. 마찬가지로 학생의 다양한 답변에 대한 교사의 대응도 그에 못지않게 중요합니다. 학생의 답변에 대한 교사의 바람직한 대응 방법은 무엇일까요? 학생의 답변을 기준으로 구분해 보겠습니다.

학생이 맞는 답, 또는 교사가 원하는 답을 하면 교사 대부분이 긍정적 표정을 짓지요. 그래서 답을 한 학생 또는 학급의 다른 학생들은 이를 보고 금방 눈치를 챕니다. 마찬가지로 틀린 답을 하면 교사가 부정적인 표정을 짓거나 틀렸다는 신호를 줍니다. 답을 하는 학생은 반드시 교사의 얼굴을 살피게 되어 있습니다. 왜냐하면 자기 답이 맞았는지 틀렸는지가 궁금하기 때문입니다. 중요한 것은, 이 학생이 자기 답변에 자신이 없는 상태였더라도 교사가 긍정적으로 인정하는 눈치를 보이면 더는 의문을 갖지 않고 긴장을 푼다는 사실입니다. 결국 그 답변을 자기 것으로 소화해 내지 못하고 마는 것이지요.

그런데 학생이 맞는 답을 제시했는데도 교사가 포커페이스를 유지하거나 역설적으로 부정적인 표정을 지으면 이 학생은 자기 생각을 의심하고 다시 한 번 집중하게 됩니다. 그 결과 심지어 답을 바꾸기도 하고, 반대로, 고민하고 고민해 봐도 여전히 답이 바뀌지 않으면 더욱 자신감을 갖게 되며 그 답은 보다 확고히 자기 것이 되지요.

결론적으로 교사의 반응은 학생에게 상당한 영향을 줍니다. 교사의 즉각적인 판단은 학생에게 조급함을 유발하고 수업에 집중하지 못하게 하는 원인을 제공합니다. 반면, 즉각적인 판단을 유보하는 자세를 취하면 학생은 답변에 더욱 큰 책임감과 도전 의식을 갖게 되고, 이때 성취에 대한 만족도 역시 극대화됩니다.

그룹 활동에서 선정된 학생의 발표에 대한 교사의 대응도 역시 중요합니다. 첫째, 발표한 학생의 설명이 비교적 괜찮았는데도 다시 정리해 주는 교사가 있고, 둘째, 발표한 학생의 설명이 부족한데도 적당히 칭찬만 해서 들여보내고는 결정적 힌트나 보충 설명을 하지 않는 교사가 있습니다. 이들 교사는 학생에게 어떤 영향을 줄까요?

전통적 수업관에서는 첫 번째 방식이 교사의 역할이라고 생각할 수 있지만, 구성주의 수업관에서는 두 번째 방식이 학생의 수업에 대한 참여와 그룹 활동의 충실도를 높여 줍니다. 자기주도성과 도전 정신을 이끌어 내는 데도 도움이 됩니다.

교사가 첫 번째 방식으로 수업하는 교실에서는 학생의 그룹 활동에 대한 소홀함과 이탈 현상이 점차 늘어나게 됩니다. 그룹 활동을 열심히 하지 않아도 언제나 수업 끝에는 교사의 깔끔한 정리가 이뤄지고, 시험은 그 정리된 내용에서 나올 것이기 때문이지요. 하지만 교사가 두 번째 방식으로 수업하는 교실에서는 교사 설명에 대한 기대가 없기 때문에 자기들 스스로 모든 결론을 맺습니다. 또 공부하고 토론한 만큼 결과물이 남기 때문에 토론과 대화의 질을 높이려고 노력하게 됩니다. 자연스럽게 성취감 또한 높아져 가겠지요.

## Tip 학생 오류에 대한 제3구 처리의 일반적 경향

교사의 개시 발문(Initiate)에 대한 학생의 대답(Response), 그리고 그에 대한 교사의 평가 (Evaluation)로 이어지는 단계를 보통 IRE 패턴이라고 한다. 특히 폐쇄적인 발문으로 시작 되는 IRE 패턴에서 학생의 대답에 대한 교사의 제3구 반응은 학생의 사고에 대한 탐구와 상호작용을 억제하기 쉽다.

이런 IRE 패턴의 교육적 한계를 극복하려면 학생의 답을 평가하는 데 그치지 말고 학 생의 사고를 탐색하고 확장하며 정교화하는 피드백을 제공해야 한다.

수학 수업에서는 학생의 오류에 대한 정정 작업이 많이 이루어진다. 이런 경우 맞고 틀렸는지 판단하는 것은 대부분 교사의 역할이다. 정답이 제기되면 교사는 이를 즉각적 으로 수용하고 칭찬하는 경향이 있다. 오답은 교사가 정정하거나 다른 학생에게 다시 질 문하여 정정하는데, 이 과정에서 처음 오답은 별도의 피드백 없이 무시된다.

교사가 오답을 말한 학생에게 정정할 기회를 주는 경우에도 학생의 사고를 탐색하고 정교화하기보다 해답으로 가는 단계형 질문을 함으로써 깔때기 패턴식 수업이 이루어지 는 경향이 있다.

## 3. 무지한 스승론

많은 교육 현장에서 일방적인 가르침이 성행합니다. 가르치는 사람의 수 준과 학습 속도에 맞춘 수업이 이루어집니다. 교육은 배우려는 학생이 존재했기 때문에 시작된 것이지, 가르치려는 사람 때문에 생긴 것이 아 닙니다.

많은 교사가 학생이 스스로 학습하는 것을 기다리지 못하고 일방적으로 가르치는 현상을 정당화하는 논리로 '진도'를 내세웁니다. 가르쳐야 할 교육과정 내용이 일방적으로 주입해야만 겨우 마칠 수 있을 정도로 많다는 것입니다. 이는 비단 수학과에 국한된 얘기는 아니고 역사나 사회 등 전 과목에서 벌어지고 있는 현상입니다.

교사들은 이런 교육과정의 한계에서 벗어나려 하기보다 오히려 거기에 갇혀 학생을 기다려 주지 못하는 데 대한 죄책감을 잊으려 합니다. 교육의 목표는 교육과정에 있는 내용을 학생이 습득하게 하는 것입니다. 학생은 꼭 교사의 직접적인 가르침을 통해서만 지식과 사고력을 습득하는 것이 아닙니다. 스스로 잘 습득하도록 교사가 적당한 도움만 줘도 학생들은 보다 수월하게 교육 목표에 도달할 수 있습니다. 이를 믿지 못하면 교육은 이루어질 수 없겠지요.

교육의 질은 교사의 질을 벗어나지 못한다는 말을 오해하는 경우도 많습니다. 이 말이 학생의 지식수준은 교사의 지식수준을 벗어날 수 없다는 말로 곡해되기도 합니다. 그렇다면 이것이 일방적 주입식 수업 아닌가요? 필자는 교직에 들어와 20년간 일방적으로 가르쳐 본 경험이 있습니다. 수업 시간에 알고 있는 최선의 지식을 전수하려 노력했습니다. 그 결과, 수업에서 가르친 내용은 필자의 머릿속에 있는 것이 전부였습니다. 그 이상의 것은 없었습니다. 불행하게도 필자의 지식은 알량하기 그지없었는데도 말입니다.

교사는 지식에 대한 책임에서 벗어나야 합니다. 아니, 오히려 교사의 지식의 한계를 학생이 뛰어넘도록 도와야 합니다. 그래야 크게 키울 수 있습니다. 이를 위해 교사는 아까운 수업 시간을 학생을 직접 가르치는

데 사용하기보다 학생에 대해 좀 더 고민하고 탐구하고, 때로는 협력하여 집단 지성이 발휘되도록 하는 데 집중해야 합니다.

수업 전 학습목표에 맞는 과제를 만들고 그 과제에 예상되는 반응을 정리하고 거기에 따른 처리 방법을 마련해 놓는 것이 수업에 대한 준비입니다. 수업을 진행하다 보면 학생들이 예상한 대로 반응하지 않기도 하고, 돌발 반응이 일어나기도 하는데, 그렇다면 사전에 준비한 대로 진행할 것인지, 수업 계획에 수정을 가해야 하는지, 학생의 협력이 일어나지 않으면 강의를 일방적으로 끌어갈 것인지 등 준비할 게 무척이나 많습니다. 스스로 해내도록 도와주는 것만으로도 수업 시간이 모자랄 판인데, 그 복잡한 지식을 가르치는 데 시간을 다 보낼 수는 없는 일입니다.

예를 들면, 자연수의 구조나 기원에 대해서 알고 싶어 하는 학생에게 교사가 할 일은 학생이 자신감과 책임감을 갖고 연구하고 탐구해 갈 수 있도록 분위기를 조성하고 격려, 독려하는 것입니다. 책을 찾아 권할 수도 있겠지요. 그리고 그 학생이 탐구의 끈을 놓지 않는지를 확인하며 지속적인 관심을 보이는 것으로도 학생은 스스로 그 중요성과 의미를 인식할 것입니다. 그러고도 시간이 남는다면 그때 공부해도 늦지 않지요.

학생이 탐구 과정을 완성하면 학급에서 발표를 시킨 다음 전교에 공유를 합니다. 유인물을 만들어 돌리든지 게시판에 붙이든지 하는 방법으로 기를 살려 주고 격려해 주면 탐구 과정에서 습득한 지식과 자신감, 책임감, 도전 정신 등은 이제 그 학생 것이 됩니다. 그리고 다른 학생의 도전을 촉구합니다. 이러한 과정을 유식한 교사가 진행했다면 결과가 어땠을까요? 학생은 그 지식을 빨리 습득했을까요? 탐구 과정을 달성했을지조

차 의문이기는 하지만, 해당 지식을 습득했다 하더라도 부수적인 효과는 없었을 것입니다.

## 무지한 스승이 강의하다

최근 대학에서 '생활 속의 수학'이라는 교양 강좌를 맡았습니다. 수강생은 건축학과, 전기·전자공학과, 기계공학과, 토목공학과 등 대부분이 공대생이었지만, 경영학과, 경제학과 등 경영대생과 회화과, 산업디자인과 등 미대생도 함께 수업을 들었습니다. 이들은 같은 대학에 다니지만 이미 수학이라는 과목에 있어서는 수준 차이가 많이 나는 상태였지요. 이들에게 어떤 수학을 가르쳐야 모두가 이해하고, 만족할 수 있을까요?

모두가 이해하고 만족하는 수학 강의는 없다는 생각이 들었습니다. 다만, 이산수학은 배경지식이 덜 필요하니까 그나마 가능할 것 같았습니다. 역시나 이전 강의 계획서에서도 영화 속의 수학, 소수素數의 세계, 암호학, 게임 이론 등 이산수학의 소재를 주로 다루고 있었습니다. 무엇보다 강좌 이름이 '생활' 속의 수학인 만큼, 이산수학이 가장 적합한 소재가 될 수 있었습니다.

그렇지만 '무지한 스승'을 실험해 보고 싶은 마음이 있었습니다. 무지한 스승의 역할은 가르쳐야 하는 내용을 정확히 그리고 자세히는 모르지만 학생이 스스로 탐구하고 발견해서 이해하고 터득하도록 돕는 것이었습니다. 이내 실행에 옮겨 보기로 결심했습니다. 주 교재로는 수학 책이 아닌 『생각의 탄생』이라는 인문 교양서를 선택하였습니다. 저자인 루

드번스타인 부부가 정리한 창조적 생각도구 13가지를 이해하고, 그로써 생활 속의 수학을 이해하는 눈을 기르는 것이 학습목표였습니다. 그리고 공대생이 생각하는 생활 속의 수학은 경영대생이나 미대생의 그것과는 분명 다를 테니 어떻게 해야 각자가 원하는 수학을 학습하게 할지 고민하기 시작했지요.

『생각의 탄생』을 주 교재로 택한 것은, 수학 학습의 이유가 수학 지식을 이해하기 위해서라기보다 창조적 사고력을 키우는 데 있다는 사실을 늦게나마 깨닫게 해주기 위해서였습니다. 특히 그 책에서 다루는 생각도구는 13가지였고, 대학의 강의는 15주였기 때문에 처음 시작과 끝만 책임지면 나머지 13주는 책이 책임질 것이라는 것도 주요한 이유가 되었습니다.

이제 활발한 토론을 통해 자기주도적으로 지식을 구성하는 구성주의 교육철학의 모습을 구현하기 위하여 그에 적합한 수업 디자인을 구상하기 시작했습니다. 활발한 토론을 위해서는 토론 과정이 주된 평가 요소여야 하니, 토론에 가장 많은 점수를 부여하고, 중간고사와 기말고사로 대변되는 지필 고사는 폐지하였습니다. 대학까지 와서 교수가 불러 주는 지식을 받아 적기 바쁜 수업 장면에 대한 반항이었지요. 교육과정과 평가가 일치하지 않는 우리나라의 현실에 대한 비판 의식도 있었고요.

자기주도적 학습을 위해서는 사전 개별 활동이 필요했습니다. 그래서 『생각의 탄생』에 나오는 13개 생각도구를 매주 하나씩 읽고 한 쪽 내외의 비판문을 작성해 강의 4일 전까지 제출하게 했습니다. 자세히 읽지 않고 숙제를 하거나 인터넷에 떠도는 다른 사람의 글을 무작정 베껴 쓰는 일을 막기 위해 비판문에는 책 내용에 대한 요약 없이 교재에 없는 자기 생각을 쓰도록 했습니다.

그리고 강의 4일 전에 받은 40명의 글을 분류하고 재구성한 후 실명제 강의 자료를 만들어 강의 전날 재배포했습니다. 학생들은 그 자료를 읽고 수업에 참여해야 했습니다. 이러한 활동은 참여와 자존감을 위한 것이었습니다. 두 시간 강의는 4인조 토론(그룹 활동), 결과 발표(표현 활동)의 순서로 진행되었습니다. 이 강의에 나타난 3단계 학생 활동(개별 활동 → 그룹 활동 → 전체 표현 활동)은 우리나라 혁신학교의 시초라고 볼 수 있는 일본 사토마나부 교수의 배움의 공동체에서 진행되는 전형적인 지식 습득 과정을 구안한 수업 형태입니다.

열 개 조의 발표가 끝나면 두 시간이 흘렀고, 필자는 개입을 하거나 보충 설명을 할 시간이 없었습니다. 5주를 지나면서 강의 진행 피드백을 위한 설문 조사를 했더니 '수학'에 대한 갈급함이 나타났습니다. 찬스였지요. 수학을 갈급하게 찾을 때 강의를 하면 100퍼센트 효과가 있을 것이었으니까요.

하지만 또 참았습니다. 여기서 수학 강의를 시작하면 지양하고자 한 일방적 강의식 수업과 다를 바가 없었습니다. 그래서 숙제를 바꾸기로 했습니다. 매주 나오는 생각도구와 관련이 있는 수학을 찾아내서 그에 대해 써내도록 했습니다. 그걸 정리해서 강의 자료로 나눠 줬고, 필요한 경우에는 해당 과제를 제출한 학생이 나와 설명하게 했습니다. 그리고 필자는 필요한 부분에서만 강의를 조금 했습니다. 그렇게 총 3회 정도 수학 강의를 했습니다.

강의를 마치는 날 학생들에게 이전 강의와 이번 강의에서 거론된 수학을 비교해 보여 주었습니다. 놀라운 것은 이전에 이루어진 순수 강의에서 다루었던 주제의 90퍼센트 정도를 이번에는 학생 스스로가 발견했다는 점이었습니다. 더욱 놀라운 것은 강사인 필자가 『생각의 탄생』을 읽지도 않은 상태에서 이 강좌를 마쳤다는 사실입니다. 그렇지만 학생들은 마지막 보고서에서 13가지 생각도구 사이의 관계를 연결하는 구조를 만들어 냈고, 생각도구와 생활 속 수학을 나름 연결하는 발전을 이루어 냈습니다. 모든 학생이 어려운 수학을 훌륭하게 이해한 것은 아니지만, 이전에 비해 수학적 사고력이 풍부해지고, 수학에 대한 인식에 긍정적인 변화가 생겼다는 사실 하나만으로도 이 강좌의 목적은 달성한 것으로 생각되었습니다.

몇 년 전 『무지한 스승』이라는 책을 읽으며 언젠가 꼭 실험해 볼 것이라 생각했던 무지한 스승 실험을 이렇게 성공적으로 마쳤습니다. 그리고 이 실험을 통해서 사범대 커리큘럼에 대한 필자의 생각을 주장할 수 있는 근거를 마련했습니다.

미국의 사범대 수학교육과에 다니는 한 교포 학생이 한국과 미국의 수학교육과 커리큘럼 차이를 두고 질문을 한 적이 있습니다. 미국에서는 순수 수학보다 수학교육, 특히 순수 교육학 강의를 많이 듣고 교직에 나가는데, 한국의 수학교육과에서는 수학교육보다 순수 수학 강의가 70퍼센트 이상을 차지하니 둘의 수학 실력 차이가 크다는 것이었지요. 그러면서 미국의 수학교사는 수학교사로서 문제가 있는 것이 아니냐고 물었습니다.

명확히 어느 쪽이 더 좋다고 답하지 않았습니다. 다만, 한국 교사는 어려운 수학 문제를 잘 풀 수 있고 수학적 지식을 많이 갖추었을 것이고, 미국 교사는 교수법이 뛰어나기 때문에 학생이 수학을 발견하도록 유도하는 데 유리할 것이라고 대답했습니다.

사실 속으로는 미국의 수학교육과 커리큘럼이 더 훌륭한 교사를 양성할 수 있다고 생각했습니다. 한국의 수학교육과 커리큘럼에는 전공 수학이 너무 많습니다. 많이 배워 나쁠 것은 없지만 상대적으로 수학교육 이론, 특히 교육철학이나 심리학, 교수법 등이 소홀해지는 점은 문제가 됩니다. 임용 고시의 당락을 좌우하는 것은 전공 수학 실력입니다. 교수법이 부족해도 수학 실력이 충분하면 임용될 수 있다는 말이지요. 교수법을 전혀 평가하지 않는 것은 아니지만 변별력은 없는 게 사실입니다. 왜냐하면 평가하는 사람들이 교수법을 잘 알지 못하기 때문입니다. 그래서 한국의 수학 수업을 보면 교수법에서 많은 문제가 발견됩니다.

무지한 스승은 그런 면에서 매력적이었습니다. 그날 배워야 할 수학 내용을 하나도 직접 가르치지 않으면서 학생은 스스로 더 깊은 정도까지 이해하게 만드는 교사가 무지한 스승입니다. 수학 개념을 일일이 주입식으로 설명하는 우리나라 교육 문화에서는 이해할 수 없는 대목이지요. 가르쳐도 모르는 걸 가르치지 말라고 하다니요.

그런 수업은 대학에서나 가능한 것이 아닐까 생각하는 사람이 많습니다. 그런데 사실 대학에서도 이런 수업은 좀처럼 이루어지지 않습니다. 몇 개 대학에서 강의를 하다 보면 강의 녹음, 받아 적기, 암기하는 모습으로 점철된 대학생의 학습 자세가 그렇게 안타까울 수 없습니다. 이번 강의를 함께한 40명 역시 이런 토론식 강의는 모두 처음 접해 본다고 말했습니다. 그리고 그중 몇 명은 졸업하는 마지막 학기에 이런 경험을 하게 돼서 그나마 대학 생활에 좋은 추억을 갖게 되었다고 했습니다. 이러한 수업은 이제 혁신학교를 비롯하여 일반 중·고등학교에서도 많이 시도되고 있으며, 더불어 성공 사례도 점차 증가하고 있는 상황입니다.

## Tip 무지한 스승

지구가 둥글다는 것을 설명하는 학설이 네 개쯤 된다고 한다. 한 과학교사가 여덟 개 그룹을 만들어 각 그룹에 네 학설 중 하나를 맡아 조사하는 활동을 맡겼고, 수업 시간에는 각 그룹별로 발표 수업을 했다. 늘 그렇듯이 발표 내용이 미흡하고 어설퍼서 교사가 보충 및 정리 설명을 하려 했는데, 시간이 부족한 탓에 아무 설명도 못하고 바로 형성평가를 치르게 되었다. 그런데 교사가 밤새 멋있게 만든 수업 자료로 완벽히 설명해 주었던 예전 수업 후에 치른 형성평가보다 이번 시험의 점수가 훨씬 높게 나왔다. 이에 교사는 존재감을 상실한 느낌을 받았다.

교사의 존재감은 주입식 설명을 통해 생기는 게 아니다. 밤새 수업을 준비한 교사라면 그걸 티 내기 위해 뭔가 꼭 한마디라도 하고 싶은 게 사실이다. 랑시에르는 『무지한 스승』에서 교사는 유식해서는 안 되고 무지해야 한다고 주장한다. 그래서 무지한 스승이 되라고 한다. 교사가 유식하면 자꾸 가르치려 드니까 역설적으로 공부를 하지 말라는 것이다. 하지만 무지한 스승은 사실 보통 스승이 아니다. 우리 옛말에도 하나를 가르치면 열을 깨닫게 하라는 말이 있다. 랑시에르는 직접 가르치지 않아도 가야 할 길을 알아서 가게 만드는 것이 무지한 스승이라고 설명한다. 문일지십(聞一知十) 또는 교일지십(敎一知十)이다.

지금 가르치는 게 수학 맞습니까?

## 4. 3단계 학생 활동론

'사고력 향상을 위한 수학교육'이 이루어지기 위해서는 교육과정뿐 아니라 수학 수업도 구조적으로 변화할 필요가 있습니다. 기존의 수학 수업은 대부분 '개념 설명 - 예시 문제 풀이 - 개인별 문제 풀이'의 3단계 구조로 운영되는데, 교과서나 문제집의 문제를 푸는 것 외에 다양한 수학적 협력 활동이나 프로젝트 수업 등을 통해 사고력 향상을 이끄는 방향으로 수업의 초점이 바뀌어야 하는 것입니다.

손우정은 『배움의 공동체』에서 일본에서 배움의 공동체 운동을 전개한 사토마나부가 제시한 '주제 - 탐구 - 표현'의 수업 형태를 대안 중 하나로 소개하였습니다. 이런 수업이 진행되려면 수학 시간에 배우는 내용과 푸는 문제의 양을 과감히 줄이고, 문제를 제시하고 해답을 요구하는 지필 고사 등의 평가보다 수업 과정 전반에서 일어나는 학생의 수행 활동 등을 평가하는 과정 중심 평가 방식을 늘리는 등의 변화를 시도할 필요가 있습니다.

수업의 주도권을 누가 쥘 것인지에 대해서도 고민해 보아야 합니다. 우리나라에서는 거의 모든 수업이 교사의 주도 아래 이루어집니다. 교사가 주도하는 일방적 주입식 수업에서 과연 그 학습 효과가 잘 나타날 수 있을까요? 이 문제에 있어서는 학생 참여 비율 확대 방안을 강구해야 합니다. 수업 시간에 가급적 학생이 활동할 수 있도록 시간과 공간을 마련해 주어야 합니다. 직접 참여하지 않으면 수업은 지루할 수밖에 없고, 흥미 또한 유도될 수가 없습니다. 이때 각 활동은 반드시 학생의 수준에 맞는 것이어야 합니다.

　수학 수업을 통해 사고력을 신장할 수 있는 분위기를 조성하는 것도 중요합니다. 이를 위해서는 수업 진행이 빠르면 안 됩니다. 느린 진행, 기다려 주는 여유가 절실합니다. 빠르게 진행되는 수업은 학생이 수학을 따라오지 못하게 만들어 수학에 흥미를 잃게 하고 결국 포기하게 만드는 결정적 원인이 됩니다.

### ① 활동적인 배움(개별 학습)

수업의 시작은 자기주도적 학습입니다. 텍스트, 활동지, 과제, 사물, 교구 등 다양한 수업 소재를 자기주도적으로 접함으로써 동기, 의욕, 필연성을 높이는 것으로 수업은 시작됩니다. 학생들은 보통 수업이 시작되고 5분 동안은 뭔가 기대에 차 있습니다. 따라서 이때 그날 수업할 내용에서 매력을 느끼지 못하면 이후부터는 수동적으로 행동할 가능성이 큽니다. 대단치도 않은 사소한 사물이 학생에게 배울 필요성을 느끼게 하고 배워야겠다는 의욕을 불러일으킬 수 있습니다. 또 구체물을 조작하는 것은 답을 찾는 데 도움이 되고, 자기 생각을 설명하는 도구가 되어 주기도 합니다. 피아제가 얘기했듯이 구체적 조작물에 의한 도구적 사고를 배움 속에 넣어 가는 것은 학생의 발달 단계에서 중요한 과정 중 하나입니다. 논리적으로 생각하여 알 수도 있지만 꼼꼼한 조작 활동을 통해 앎에 이르고, 구체물에 감정을 이입하는 학생도 많습니다.

　개별 학습에서는 과제를 정확하고 반복적으로 접하는 것이 중요합니다. 교과서나 주어진 과제를 읽고 스스로 사고하는 과정이 배움을 만들어 냅니다. 타인을 만나기 전에는 자기의 과제 수행 상태를 정확히 파악하는 게 중요합니다. 모르는 부분을 알아야 궁금증이 생기고 기대감이 생깁니다.

이렇게 이루어지는 개인 활동에는 개인차가 존재하게 마련입니다. 학습 준비 상태가 저마다 다르므로 개인차를 극복하고 보다 넓은 사고를 경험하기 위해서는 그룹 활동이 좋은 장치가 됩니다. 특히 어려운 과제, 도전적인 과제를 제시할 때 개인 활동을 생략하고 바로 그룹 활동을 시도하는 방법을 고려해 볼 수 있습니다. 개인 활동에서 동기 유발이 되지 않은 상태로 그룹 활동에 들어가면 이미 수동적으로 변해 버린 탓에 그룹 활동이 원활하지 않을 수 있기 때문입니다.

## ② 협력적인 배움(그룹 활동)

교사가 30명이 넘는 학생의 개인차를 극복하고 각 학생에 맞는 과제와 활동을 구성하는 것은 불가능하기도 하지만 효율적이지도 않습니다. 그렇다고 모든 학생에게 똑같은 과제를 제시하는 것도 바람직하지 않습니다. 학생을 두세 단계로 구분하고 그에 맞는 과제를 각각 제시하는 것이 바람직한 대안이 될 수 있습니다. 앞서 얘기했듯이 모둠에는 비교적 높은 수준의 문제를 제시합니다.

학생에게 있어서는 친구와 서로 이야기하는 행위가 배우는 즐거움으로 이어지기도 합니다. 모둠은 네 명으로 구성하는 것이 의사소통하기에 가장 적절합니다. 또한 남녀 혼합이 기본 구성인데, 모둠에서는 여학생이 대화를 주도할 가능성이 크므로 가급적 여학생을 대각선으로 앉히면 남학생을 그룹 대화에 참여하도록 유도하는 데 도움이 됩니다. 보통 여학생이 대화를 진행하면서 남학생과 조화를 이루면 성공적인 그룹 대화가 일어날 가능성이 높습니다.

모둠 활동은 잘 모르는 내용을 친구에게 가르쳐 달라고 청해 보는 기회가 되기도 합니다. 질문을 받은 학생에게는 확실한 대답을 줘야 한다는 책임이 지워지지요. 그런데 이때 모둠 안에서 문제를 해결한 학생이 해당 과제에 별 관심이 없거나 잘 모르는 친구를 억지로 수업에 끌어들이는 것은 주의해야 합니다. 더욱 큰 반감을 살 수 있기 때문입니다. 친구가 도움을 요청한 것이 아니라면 먼저 가르치려 하지 않는 게 모둠 활동의 기본자세입니다.

정리하자면, 소집단 활동으로 이뤄지는 협력적인 배움에서는 가볍게 자신의 의견을 말할 수 있고 모든 학생이 배움에 참가할 수 있으며, 다양한 사고방식을 서로 조정하거나 새로운 생각을 협력하여 이를 배움으로 발전시켜 나가게 됩니다.

또 하나의 특징은 도움이 필요할 때 친구에게 물어볼 수 있다는 점입니다. 교사가 개별적으로 지도할 수 있는 학생 수는 한정되어 있습니다. 따라서 잘하는 학생이 저학력층 친구를 도와주게 되면 학급 전체의 학력이 신장되는 결과를 얻을 수 있습니다. 곧, 그룹 활동은 학급 내에 작은 교사가 그룹별로 최대한 많이 생겨나도록 하는 장치라고 이해할 수 있습니다.

이때 교사는 가급적 개별 질문을 받지 않고 모둠 안 친구들에게로 질문을 돌려야 합니다. 그리고 모둠 활동을 방해하는 학생을 조용히 타이르고, 정상적으로 활동하지 못하는 모둠이 발생하지 않도록 멀리서 관찰하는 위치를 유지하는 것이 좋습니다.

## Tip 그룹 활동 50퍼센트 완성론

학생 활동을 중심으로 구성된 수업에서는 그룹 활동에 배정하는 시간과 그룹 활동 중 교사의 역할이 중요하다. 모든 그룹이 주어진 과제를 충분히 해결하도록 배려하면 시간이 오래 걸리고, 빨리 끝낸 그룹에서는 지루해하며 딴짓을 하는 학생이 발생할 우려가 있다. 그래서 적절한 타이밍을 잡는 것이 중요한데, 보통은 절반 정도의 그룹이 과제를 마쳤다고 판단될 때 그룹 활동을 중단하고 표현 활동으로 넘어가면 된다. 그리고 미진한 그룹은 전체 공유 시간에 부족한 부분을 채우도록 경청의 사회 문화를 만들어야 할 것이다.

그룹 활동을 하는 동안 교사의 위치와 역할에 대해 생각해 보자. 그룹 활동을 하는 동안 교사는 그룹 사이를 아무런 의미 없이 순시하는 경우가 많다. 그런데 주어진 과제가 잘 해결되지 않을 때 교사가 옆에 있으면 학생들은 반드시 교사를 붙잡게 된다. 그리고 교사는 그 아이를 개인적으로 지도하게 된다. 그룹 안에 있는 학생을 개인 지도하게 되면 대화가 단절될 우려가 있어 결국 교사가 그룹 활동을 방해한 꼴이 된다. 때로는 학급에서 가장 처지는 학생에게 가서 별도의 도움을 주기도 하는데, 이런 행위는 그룹 활동에 대한 시간 조절과 전체적인 분위기 파악을 방해하는 결과를 가져온다.

앞에서 언급한 『5관행』 이론대로라면 그룹 활동을 하는 동안 교사는 각 그룹의 과제 해결 과정을 점검하고, 그중 표현 활동으로 이어 갈 그룹 및 그 그룹 내 발표자를 선정하고, 발표 순서를 정하는 계열 짓기까지 해야 하므로 이것만으로도 정신이 없을 것이다. 학생에게 개인적으로 도움을 줄 겨를 역시 없다.

개인적으로 도움을 요청하는 학생은 그룹의 다른 학생에게 도움을 청하도록 분위기를 형성해 가야 한다. 그리고 그룹 활동 시간에 교사는 교실 밖에 있는 것과 마찬가지 상태인 것으로 생각하고 전체적인 시간 진행과 이후의 수업 구상에 전념해야 한다.

### ③ 표현적인 배움(발표와 의사소통)

그룹 활동 후 발표를 하는 과정에서 자신의 생각만을 발표하는 학생이 많습니다. 학기 초에 열리는 오리엔테이션에서 그룹 발표 시 친구의 도움을 받거나 그룹에서 논의한 내용에서 본인의 생각을 만들어 내는 과정을 표현하는 문화를 형성해야 하겠습니다. 개인적 발언만으로 학습에 기여하는 데는 한계가 있습니다. 교사와 학생의 일대일 수업으로 끝날 가능성이 많지요. 배움의 질을 높이기 위해서는 교사와 학생을 이어 주는 날실로서의 지명과 학생의 반응에 더해 서로 간을 이어 주는 씨실로서의 발언을 연결하는 작업이 필요합니다.

그룹 활동을 마치면 교사는 그룹을 해체하여 전체가 공유하는 형태로 만든 후 발표를 시작합니다. 많은 수업에서 자리를 옮기는 것이 귀찮고 조금 후에 다시 그룹 활동이 이루어진다는 핑계로 그룹 활동의 좌석 배치 상태에서 발표를 진행합니다. 이때 활동이 아직 마무리되지 않은 그룹이 있다면 이들은 다른 학생의 발표를 듣지 않고 여전히 그룹 활동을 유지하는 일이 생길 수 있습니다. 따라서 의자 배열을 재정비하는 것으로 확실하게 그룹 활동의 종료를 선언해야 미처 해결하지 못한 부분을 다른 그룹의 표현 활동을 통해 학습할 수 있습니다.

표현에 대해 이야기할 때 우리는 큰 목소리로 활기차게 표현하거나 적극적으로 손을 들면 '표현적인 배움'이 이뤄진 것으로 오해하기도 합니다. 그래서 최근에는 표현적인 배움을 '표현의 공유'로 바꾸어 사용하고 있습니다. 표현의 공유란 타자의 표현을 경청하고 거기에 자신의 생각을 비추기도 하면서 서로 배워 나간다는 의미입니다. 모놀로그(독백)가 아닌 다이얼로그(대화)를 의미하지요.

표현의 공유는 소집단 활동에서도 이루어지지만 특히 전체 공유의 시간을 표현의 공유의 장으로 활용하기를 권합니다. 협력적인 배움의 목표는 다른 사람의 생각을 듣고 자신의 생각을 보충하거나 발전시키는 것이지, 모둠에서 하나의 생각으로 의견을 정리하는 것이 아니거든요. 최초 개별 활동에서 얻은 생각과 모둠 활동에서 정리된 생각, 모둠에서 나온 다른 생각, 그리고 최종적으로 정리된 생각 등을 발표하는 것이 바로 다이얼로그인 것입니다.

## Tip 이해도 판정 바로미터

그룹 활동이 끝나면 전체 공유 시간의 발표자를 정한다. 그룹에서 스스로 결정하게 하면 대부분 그룹의 상위권 학생이 발표를 도맡는다. 나머지 학생은 무임승차를 하게 되고, 그룹 활동에 집중하지 않아도 되는 상황이 된다. 아울러 상위권의 발표만 가지고는 학급 전체의 이해도를 판정하기 어렵다는 문제점도 나타난다.

『5관행』의 선정하기에서 본 것처럼 발표자는 교사가 미리 선정하는 것이 바람직하다. 누가 선정될지 모르기 때문에 누구나 집중하지 않을 수가 없다. 무임승차도 허용되지 않는다.

교사에 따라서는 학급마다 이해도를 확인할 수 있는 바로미터 역할을 하는 학생 두세 명을 염두에 두기도 한다. 그 학생들이 이해한 정도를 그 학급의 이해 상태를 평가하는 기준으로 삼는 것이다.

# 04 | 변화하는 교사학습공동체

## 1. 개선이 필요한 교직 문화

우리나라의 교직 문화는 최근 소위 혁신학교를 중심으로 변모를 거듭하고 있지만 많은 특징은 여전히 그대로 남아 있습니다.

첫째, 행정 업무 중심의 교직 문화를 들 수 있습니다. 학교 본연의 존재 목적인 교육이 이뤄지는 교실 현장의 수업보다 행정 업무가 우선시되는 문화입니다.

둘째, 성적 지상주의의 교직 문화입니다. 성적만 높으면 모든 것이 허용되고, 좋은 상급 학교에 학생을 많이 진학시키는 교사가 곧 유능한 교사입니다. 성적 향상을 위해서는 철저한 복종을 원하는 문화입니다.

셋째, 형식적인 교직 문화입니다. 교직원 회의에서는 토론이 사라진 지 오래고, 공개수업 등 수업을 연구하기 위해 모인 협의회 등에서도 건

지금 가르치는 게 수학 맞습니까?

설적이고 비판적인 의견 제시는 금물입니다.

넷째, 개인적인 교직 문화입니다. 정상적인 근무시간을 마치면 쏜살같이 학교를 빠져 나가기 때문에 교사 간 어울림이나 공동체 활동이 거의 형성되지 못합니다. 교내에서는 각종 이해관계 때문에 공동체를 이루는 것이 쉽지 않습니다.

다섯째, 교직이 전문성을 띠지 못합니다. 전문가 집단처럼 경력이 많아질수록 수업에 대한 전문성이 향상되어야 하는데, 그런 경우가 많지 않고, 다른 전문가 집단과 달리 성문화된 경험 체계가 전무합니다. 법률가의 경험을 기록한 판례집, 의학자의 경험을 정리한 임상 실험집 등의 기록이 교사 집단에는 없다는 말이지요.

다행인 것은 혁신학교를 중심으로 교직 사회에 교사학습공동체가 점차 생겨나고 있다는 점입니다. 수업연구회 모임이 있는 학교에서는 방과 후에 수업을 관찰하고 분석하는 시간을 마련하여 수업을 개선해 나가고 있습니다.


## 2. 수업 개선을 위한 노력

교사들은 다양한 방법을 이용하여 수업 개선을 위해 노력합니다.

첫째, 자기 수업을 반성하면서 개선합니다. 수업을 계획하면서 고민했던 내용을 수업 실행 과정에서 바로 반성하고 피드백한 후 이를 다음 수업에 바로 적용합니다. 제도상 여러 반을 수업해야 하는 현재 우리나라 중등학교 수업에서 쉽게 시도할 수 있는 개선 방법입니다.

둘째, 교사 스스로 전공 관련 공부 또는 연찬을 통해 수업을 개선할 수 있습니다. 공부를 하다 보면 과거에 알지 못했던 새로운 지식을 습득하게 되는데, 이를 수업 구상 및 계획 과정에 적용시켜 수업을 개선하는 것이지요.

셋째, 연수를 통해서도 수업을 개선할 수 있습니다. 법적으로 의무화된 1급 정교사 자격 연수나 자율적으로 참여할 수 있는 각종 직무 연수에서 전공 지식 및 수업 개선 아이디어를 얻을 수 있습니다.

넷째, 교사들의 학습공동체 활동에서 수업 개선 정보를 얻을 수 있습니다. 학습공동체는 교내에서 만들어지기도 하지만, 교외에서 형성된 학습공동체에서 활동할 수도 있습니다. 교내에서는 학습공동체가 만들어지기 어려운 것이 우리나라 학교 교육의 현실임을 앞에서 이미 지적한 바 있습니다. 하지만 궁극적으로는 교내의 학습공동체에서 가장 효율적인 공동체 활동이 형성될 수 있습니다.

이 중 수업 개선에 가장 효율적인 방법은 학습공동체 활동입니다. 학습공동체에서는 서로의 아이디어, 교육 경험을 공유하고, 각 교과 지식을 풍부하게 쌓기 위한 공통의 연구를 기획하기도 하며. 타 교과와 통합하는 방법을 설계할 수도 있습니다.

## 3. 다양한 교사학습공동체

최근 여러 교사학습공동체가 생겨났습니다. 국내에서 자생적으로 만들어진 공동체로는 수업 비평 모임, 아이의 눈으로 수업 보기, 수업 친구 만들기, 전국수학교사모임의 교실관찰팀 등이 있고, 외국에서 시작되어 국내에 소개된 공동체로는 배움의 공동체, 거꾸로 교실, 레슨스터디<sup>Lesson</sup> Study 등이 있습니다.

**수업 비평 모임**은 이혁규 청주교대 교수를 중심으로 만들어졌습니다. 수업 비평은 교사와 학생이 함께 구성해 가는 수업 현상을 하나의 분석 텍스트로 하여 수업 활동의 과학성과 예술성, 수업 참여자의 의도와 연행, 교과와 사회적 맥락 등을 종합적으로 고려하면서 수업을 기술, 분석, 해석, 평가하는 비판적이고 창조적인 글쓰기를 말합니다. 수업 비평 모임에서는 이런 글쓰기 작업을 통해 수업을 보는 안목을 제공합니다.

모임에서 수업을 관찰할 때는 교사의 교육적 선택에 의해 교수 결과가 어떻게 달라지는가, 교사의 수업 속 행동이 교육적으로 어떤 의미가 있는가 하는 것에 주안점을 두고, 여기에 수업에 관한 교사의 의도를 존중하면서 나름의 비평적인 분석을 가합니다. 동시에 수업을 잘했는지 못했는지를 보지 말고 수업 상황에서 교사가 왜 저런 선택을 해야만 했는지, 어떤 생각으로 수업을 진행하고 있는지를 생각해 볼 것을 권고합니다. 하지만 비평적인 시선을 갖기가 쉽지 않고, 수업 내용을 전사하는 작업에 난점이 있어 교내에서 또는 개인이 하기에는 벅찬 감이 있습니다.

**아이의 눈으로 수업 보기**는 서근원 대구가톨릭대 교수를 중심으로 만들어졌습니다. 이 모임에서는 주로 초등학교 수업을 다루며, 아이를 중심으로 수업을 보는 방법을 제안합니다. 즉, 특정한 아이 하나의 행동을 유심히 관찰하고 그 아이가 이 수업에서 무엇을 어떻게 경험하는지, 왜 그렇게 경험하는지를 학생의 관점에서 파악하고 해석하는 활동을 합니다. 수업 속에서 소외되는 학생이 배움으로 돌아오게 할 수 있는 대안을 찾는 활동도 하고 있습니다. 이 모임 역시 교내에서 학습공동체를 이루기는 쉽지 않아 학교 밖 모임의 형태로 성행하고 있습니다.

좋은교사운동이 주축을 이루는 **수업 친구 만들기**는 교사의 내면을 세우는 운동입니다. 수업 친구는 동료 교사를 뜻합니다. 처음에는 동료 교사 한 명과 서로 수업을 공개하고, 수업에 대해 교사의 내면을 살피는 대화를 나눕니다. 이러한 과정을 거치는 것은, 수업을 잘하지 못하는 것은 능력이 부족한 탓이 아니라 수업을 하는 교사의 내면이 흔들리는 탓이라고 진단했기 때문입니다.

동료 교사와 서로 수업을 관찰하고 공유할 때는 상처를 주지 않고 배려하는 가운데 공감대를 형성하기 위해 대략 다음과 같은 5단계 전략을 사용합니다.

1단계 : 함께 관찰 연습을 하고 싶은 교사를 찾는다.
2단계 : 수업을 녹화한 뒤 혼자 수업 비디오를 본다.
3단계 : 동료와 함께 다른 교사의 수업 비디오를 관찰하면서 관찰 문화를 익힌다.

4단계 : 동료와 함께 각자의 수업 비디오를 보면서 의견을 나눈다.

5단계 : 수업에 적용하면서 후속 조치를 취한다.

이런 일대일 그룹이 모여 학교 내 수업 동아리가 형성되면 점차 학교 문화를 변혁할 수 있는 여건이 마련될 것입니다.

전국수학교사모임의 **교실관찰팀**은 여러 학교의 현장 교사들이 공동으로 수업을 관찰하고 분석하는 활동을 통해 수업 개선에 대한 욕구를 충족시킬 목적으로 형성한 학습공동체입니다. 우리나라 교직 문화의 특성상 학교 내에서 터놓고 할 수 있는 이야기가 많지 않기 때문에 이해관계가 얽히지 않아 부담이 적은 학교 밖 모임을 구성한 것입니다. 이들은 수업을 관찰하고 정밀하게 분석하는 과정을 통해 자기 수업에 대한 철학과 교수법을 개선할 수 있었지만, 수업에 대한 전사록을 작성하는 데 있어서는 어려움을 호소하였고, 한 수업을 정밀하게 분석하는 데 많은 시간이 걸리는 것 또한 모임의 곤란한 점으로 꼽았습니다. 교실관찰팀의 자세한 활동 사항은 다음에 나오는 '수업관찰과 분석'에서 알아볼 수 있습니다.

**배움의 공동체**는 일본 도쿄대 사토마나부 명예교수를 중심으로 시작되었습니다. 수업을 중심으로 학교 전체의 변혁을 꿈꾸며, 학교 전체 교사의 자발적인 수업 공개로 수업의 공공성을 확보하고, 이를 통해 동료 교사와 학생의 배움 상태를 살펴 수업을 혁신하는 운동입니다. 배움의 공동체에서는 책상을 ㄷ 자로 배열하는데, 이때 교사의 자리는 칠판 앞이 아니라 ㄷ 자의 중앙입니다. 그리고 학생의 학습에서는 4인조 그룹 활동을 강조합니다. 관련 활동을 통한 학습법을 앞에서 자세히 다룬 바 있습니다.

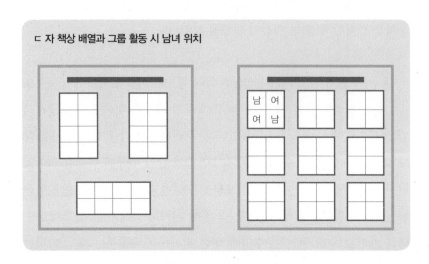

배움의 공동체는 동료 교사 간에 상처받지 않고 수업을 참관하는 문화를 학교 전체에 형성하는 데 시간이 걸리고, 그것도 학교 전체가 움직여야 가능해진다는 난점을 지닙니다.

**거꾸로 교실**은 미국의 화학교사인 버그만과 샘즈가 수업에 잘 참여하지 못하는 운동부 학생의 부진한 학습을 돕기 위해 직접 동영상을 만들고, 학생 스스로 완전 학습을 할 수 있도록 고안한 새로운 교육 실험입니다. 교사가 직접 만든 수업 동영상을 활용하여 교실에서 전체 학생을 대상으로 하는 주입식 강의를 없앤다는 단순한 발상에서 시작되었지요.

거꾸로 교실에서는 교사 주도의 강의식 수업을 밖으로 빼고 남겨진 수업 시간에 개별 학생에게 필요한 학습을 진행합니다. 그간 진도와 잡무로 도입하기 어려웠던 학습자 중심의 교수법, 즉 탐구 학습, 프로젝트 학습, 문제 해결 학습 등을 시행하는 것이지요.

**레슨스터디** 그룹은 유네스코가 주관하고 환태평양 국가를 중심으로 실행되는 학습공동체입니다. 레슨스터디는 지역을 중심으로 모이는 학교 밖 모임이고요. 이들은 교사가 다른 교사의 수업을 관찰할 때 가장 잘 배울 수 있고 자신의 수업을 개선할 수 있으며, 교수법에 대한 깊은 이해와 기술을 개발해 온 교사들은 그들의 지식과 경험을 동료와 공유할 때 격려받을 수 있다고 생각합니다.

레슨스터디는 처음에는 교사에게 관심을 집중하였지만 여러 번 정교화 과정을 거쳐 지금은 학습의 질을 개선하는 데 집중하고 있습니다. 이를 위한 교사의 전문성 제고를 목표로 시행되는 레슨스터디 프로젝트는 크게 준비-수업-반성의 3단계로 진행됩니다.

준비 단계는 계획된 교육과정을 교실에서 실제 이행될 수 있도록 바꾸는 과정입니다. 수업 목표에 관련된 자료를 찾아 선택하는 것으로 시작되지요. 이어서 학생의 실제적 필요에 근거한 수업 구성을 정교화하고 이들 정보를 수업 계획과 함께 묶어 주는 작업이 이루어집니다. 레슨스터디에서는 이런 모든 작업이 다른 교사와의 협력 아래 진행됩니다.

이제 고안된 교수 계획에 따라 수업이 이루어지는데, 수업에는 여러 교사의 참관이 따릅니다. 대학교수와 교육청 장학관이 함께 하기도 하지요.

3단계로 이루어지는 레슨스터디 프로젝트는 다시 여덟 가지 과정으로 세분화됩니다.

(1) 과제 인지하기

(2) 수업 계획 세우기

(3) 수업하기

(4) 수업 평가 및 결과 검토하기

(5) 수업에 대해 재고하기

(6) 재고 사항 반영하여 수업하기

(7) 평가 및 검토하기

(8) 결과 공유하기

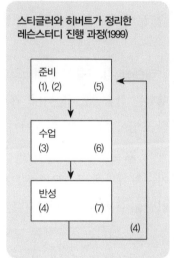

처음 (1)~(4)의 과정을 수행하고 나면 (4)의 평가 결과를 활용하여 다시 (5)~(7)의 과정을 거치는 방법으로 수업을 정교화시켜 나갑니다.

지금 가르치는 게 수학 맞습니까?

## 4. 수업관찰과 분석

수업을 제대로 관찰하고 분석하려면 적당한 틀이 있어야 하는데, 우리나라에는 그 틀이 아직 부족한 실정입니다. 2006년에 만들어진 전국수학교사모임의 교실관찰팀에서는 3년간 여러 수업을 분석하고 시행착오를 반영해 나가는 활동을 거쳐 다음과 같은 수업 분석 절차와 틀을 만들었습니다. 수업 내용이나 분석 과정에 따라 각각의 절차에 약간의 변화가 있을 수도 있지만, 대부분은 거의 유지됩니다.

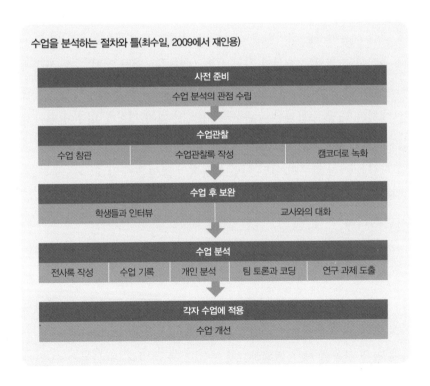

수업을 분석하는 절차와 틀(최수일, 2009에서 재인용)

| 사전 준비 |
| 수업 분석의 관점 수립 |

| 수업관찰 |
| 수업 참관 | 수업관찰록 작성 | 캠코더로 녹화 |

| 수업 후 보완 |
| 학생들과 인터뷰 | 교사와의 대화 |

| 수업 분석 |
| 전사록 작성 | 수업 기록 | 개인 분석 | 팀 토론과 코딩 | 연구 과제 도출 |

| 각자 수업에 적용 |
| 수업 개선 |

교실관찰팀은 여전히 시행착오를 거치며 기존 수업을 분석하는 양적인 틀을 거부하고 수업을 질적으로 바라볼 수 있는 틀을 계속 만들어 가고 있습니다. 따라서 이 틀도 미완성이며 진행형인 것으로 생각할 수 있습니다. 한 시간의 수업을 분석하는 작업은 간단히 끝나지 않으며 많은 시간이 걸립니다.

### ① 사전 준비

수업을 관찰하는 기존 관행은 사전에 아무 준비도 없이 수업 시간 직전에 교실로 들어가는 것이었습니다. 그리고 수업을 진행하는 교사의 의도나 수업이 진행되는 교실의 문화 등에 대해서는 전혀 알지 못한 상태에서 관찰자의 경험으로 수업을 평가했습니다. 수업 후 협의회에서 거론되는 얘기는 해당 수업과는 무관한 것이었고, 자기 경험에 비추어 평가하는 경향이 많이 있었습니다. 실제 수업에 대한 과학적이고 체계적인 분석 작업을 거친 결론이 아닌 이런 감상적인 조언은 수업 교사는 물론 본인에게도 아무런 도움을 주지 못하며 심지어는 수업 교사에게 상처를 주기도 합니다.

수업을 관찰한다는 것은 그 수업의 의도와 거기서 일어나는 학습을 보는 것인데, 특정 수업을 보고 나서 그 수업을 보지 않아도 할 수 있는 뻔한 얘기만 한다면 수업을 관찰하는 의미가 없을뿐더러 이때 이루어지는 수업에 대한 평가나 분석도 타당하다고 보기 어렵겠지요.

수업을 관찰할 때는 관찰하고자 하는 것을 분명히 해야 얻을 수 있는 것도 명확해집니다. 그러므로 관찰하고자 하는 수업 내용이나 수업 방법, 학습 수준 등 최소한의 정보는 가지고 수업에 들어가는 것이 효율적이지요. 레슨스터디의 특징은 준비 단계부터 모든 과정을 수업을 관찰할 교사와 협력하여 진행한다는 점입니다. 일본은 교사의 수업 전문성 향상을 위해 20여 년 전부터 1~2년 차 정도 되는 초임 교사와 10년 차쯤 되는 경력 교사 시기에 학교, 지역 혹은 전국적으로 팀을 조직하여 협력적으로 서로 수업을 공개하고 분석해서 개선해 나가는 레슨스터디를 운영하고 있습니다.

수업관찰은 관찰로만 끝나는 것이 아닙니다. 관찰 뒤에는 어떤 수준에서든 분석이 이루어집니다. 그러므로 수업을 관찰하기 전에 수업 분석의 관점이 수립되어야 합니다. 일회성을 지닌 수업의 특성상 순간을 놓치면 다시 보기 어렵습니다. 녹화를 한다 하더라도 수업을 직접 관찰하는 순간의 느낌과 생각은 캠코더에 담을 수가 없습니다. 과거와 같은 일률적이고 구체적인 체크리스트는 사용하지 않더라도 사전에 수업에 대한 관찰자의 주관을 세우고 있어야 수업을 제대로 관찰할 수 있을 것입니다.

## ② 수업관찰

준비가 다 되면 이제 수업을 관찰합니다. 관찰자는 소위 '관찰자 효과'가 생기지 않도록 주의하면서 수업을 관찰하고 녹화해야 합니다. 관찰자 효과란 관찰자가 수업에 영향을 끼치는 상태를 말합니다. 즉, 관찰자의 참여로 인해 교사 혹은 학생의 학습에 변화가 생길 수 있다는 얘기입니다.

천호성은 『수업 분석의 방법과 실제』에서 관찰자가 관찰자 효과를 상쇄하려고 노력해야 한다고 주장하였습니다. 수업 현장에서 관찰자는 가급적 수업을 자유롭고 다양하게 볼 수 있어야 하지만, 모든 것은 수업을 방해하지 않는 범위에서 가능합니다. 수업을 관찰하는 방법으로는 수업 전체를 관조하는 방법, 특정 학생 한두 명만을 지속적으로 관찰하는 방법이 있습니다. 관찰하고자 하는 목적에 따라 다양한 형태의 참관이 가능하겠지요.

## Tip 관찰자의 위치

전통적인 관찰자의 위치는 교실 뒤편에 놓인 의자였다. 수업을 공개하는 학급에서는 공개수업 직전에 학생을 시켜 참관하는 교사가 앉을 의자를 교실 뒤편 좁은 공간에 갖다 놓았다. 그러면 참관자는 자동적으로 그 의자에 앉았다.

교실 뒤에 놓인 의자에 앉으면 보이는 건 온통 뒤통수뿐이고, 사람 얼굴이라고는 교사만 보인다. 교사 위주의 관찰이 이루어질 수밖에 없다. 자연히 학생의 학습은 관찰 대상에서 제외된다. 이런 상황에서 학생 활동이 주가 되는 수업이 이루어지면 참관자는 볼 게 없어서 지겨움을 느끼게 된다. 의자에 앉아 코를 고는 참관자도 생긴다.

학생의 학습 활동을 관찰하려면 뒤에 있는 의자에 앉아만 있어서는 안 된다. 적극적으로 학생에게 가까이 다가가야 한다. 하지만 수업을 방해해서는 안 되므로 수업하는 교사가 주도권을 가진 시간에는 떨어져 있다가, 학생들에게 활동 시간이 주어지면 관찰자 효과가 벌어지지 않는 범위에서 최대한 학생들에 근접하여 관찰해야 한다.

최고 좋은 위치는 칠판을 바라보고 선 방향에서 왼쪽 창가 앞이다. 학생 좌석 맨 앞줄 옆 창가 정도가 적당하다. 관찰자가 뒤에 있으면 감시받는 느낌을 줄 수 있기 때문에 학생이 자연스럽게 활동하기 어렵다는 증언이 많다. 앞쪽으로 가면 모든 학생과 시선을 마주칠 수 있고, 이때 친근한 눈길을 주면 우호적이고 협력적인 분위기를 형성할 수 있다. 이 자리에서는 교사에게도 감시나 평가의 관점이 아니라 우호적인 관점에서 수업을 이해하고 학생의 학습을 정확히 관찰하려는 의도를 보여 주는 데 도움이 된다.

지금 가르치는 게 수학 맞습니까?

수업을 관찰하면서 기록을 하지 않고 그냥 눈과 귀로만 수업을 관찰하면 수업이 끝난 후 얼마 되지 않아 상당수의 내용을 잊게 되고, 심지어는 잘못된 기억을 갖게 될 수도 있습니다. 그러므로 관찰자는 수업을 관찰하면서 동시에 관찰 기록을 남겨야 합니다. 관찰 기록에는 수업의 진행 시간과 맥락, 그리고 수업에서 일어난 활동을 객관적으로 기술하고, 수업 중에 떠오른 관찰자의 생각을 동시에 기록해 두어야 합니다.

수업관찰을 기록할 때는 노트를 대략 세 칸으로 구분하면 편리합니다. 첫째 칸에는 수업 장면과 시간을, 둘째 칸에는 수업에서 일어나는 일을, 셋째 칸에는 관찰자의 생각을 기록합니다. 칸을 구분하지 않으면 수업 후 기록을 보았을 때 이게 수업에서 일어난 사실인지 관찰자의 생각인지가 잘 구분되지 않습니다.

**수업관찰 기록지**

| 막/장 구분(시간) | 수업 내용 기록(판서와 대화 내용 포함) | 관찰자의 생각 |
|---|---|---|
| 연립방정식 풀이 연습 – 교사의 활동지 문제 풀이 시범 (0500) | (15)번을 교사가 풀어 준다. $$\frac{x+y}{2} = \frac{x-y}{3} = 2$$ $$\begin{cases} \frac{x+y}{2} = 2 \\ \frac{x-y}{3} = 2 \end{cases}$$ 첫 식은 양변에 2를, 두 번째 식은 양변에 3을 곱해 분모를 없앤다. $x + y = 4$ $x - y = 6$ 더하면 $2x = 10$에서 $x = 5$ 빼면 $2y = -2$에서 $y = -1$ $\therefore \begin{cases} x = 5 \\ y = -1 \end{cases}$ | • 시범은 왜 필요할까? <br> • 왜 두 개로 나누지? A=B 꼴의 연립방정식은? <br><br> • 분모를 없애라? 너무 알고리즘적 아닌가? <br> ∵ 불편하니까? 계산의 편의를 위해? |

수업 장면을 녹화하여 나중에 다시 보면서 관찰록을 작성할 수도 있지만, 수업이 이루어지는 현장에서 떠오른 원초적 생각은 나름의 의미를 지닌 중요한 자료가 됩니다. 또 녹화된 내용을 분석하면 정확성은 높아지겠지만 자칫 현장성에 맞지 않는 분석을 이끌어 낼 가능성도 있기 때문에 가급적 관찰하면서 기술하고 처음에 떠오른 생각을 잘 기록해 두어야 나중에 흔들리지 않고 정확한 분석을 할 수 있습니다.

한편, 아무리 바쁘게 이리저리 관찰한다고 해도 교실 전부를 한 시간 내내 모두 관찰하는 건 불가능합니다. 교사에게 주목하는 순간에는 학생의 활동이 전혀 보이지 않고, 어느 한 학생의 활동에 집중하면 교사나 다른 학생의 활동을 놓칠 수밖에 없습니다. 그러므로 관찰자는 교실 전체를 두루 잡을 수 있도록 캠코더 서너 대를 잘 배치해 놓고 녹화를 시작해야 합니다. 또 관찰자가 교실 전체를 계속적으로 파악할 수 있다고 해도 그 기억력을 계속 유지하는 건 불가능하므로 녹화는 수업관찰에 꼭 필요한 과정이라고 생각할 수 있습니다.

### ③ 수업관찰 기록 완성

수업관찰이 끝난 이후 보통은 참관한 교사와 수업 교사 사이에 수업과 관련된 개별 대화는 거의 이루어지지 않습니다. 그런데도 바로 협의회에 들어가 수업에 대한 논의를 합니다. 수업에서 일어난 교사와 학생의 활동이나 생각에 대한 궁금증을 해소한 후 협의회를 하는 것이 맞을 텐데요. 그래야 관찰자가 현상 이면의 본질을 파악하지 못한 채 한쪽 면만을 추측하는 오류를 범하지 않으니까요.

수업이 끝나면 수업 중 궁금했던 내용에 대해 인터뷰를 해야 합니다. 그리고 수업관찰록도 수업 후 가능한 빠른 시간 내에 기억을 더듬어 보완해 두어야 합니다. 그런 조치를 취하지 않고 하루 이틀이 지나면 수업에 대한 기억이 상당 부분 사라지고 아무런 기억이 나지 않는 부분도 많이 생깁니다.

수업 시간에 칠판에 나와 발표한 학생의 설명에 궁금한 점이 있다면 수업이 끝난 직후 해결하는 것이 좋습니다. 수업 시간 내에 관찰자가 교사나 학생에게 질문을 하는 것은 교사의 수업 진행을 방해할 수 있기 때문에 수업 시간에는 가급적 조용히 관찰하는 일에만 집중합니다. 관찰자가 수업 시간에 학생들과 대화하는 것 역시 교사의 수업 진행을 방해할 수 있습니다. 학생의 설명이나 노트의 풀이 과정에서 나오는 궁금증을 해결하려면 쉬는 시간을 이용하는 것이 바람직합니다. 학생을 계속 붙잡아 놓을 수 없기 때문이기도 하지만, 학생의 기억력도 그리 오래가지 않기 때문입니다. 나중에 비디오를 보다가 궁금증이 생겨 며칠 지난 후 학생과 인터뷰를 하면 대부분 그때의 상황을 정확하게 기억해 내지 못합니다. 그러므로 인터뷰는 수업 직후, 쉬는 시간을 이용해 짧게 진행하는 것이 좋습니다.

수업 후에는 수업을 보면서 들었던 궁금증을 해소하고 교사의 수업 의도를 파악하기 위해 교사와도 인터뷰를 하는 것이 좋습니다. 수업을 분석하는 목적이 수업을 평가하는 것이 아니라 참여한 모든 교사에게 배울 점을 찾는 것이라고 한다면, 관찰자들은 수업 교사의 수업 의도를 먼저 이해해야 합니다. 그러므로 사전 준비 과정에서 수업 교사와 대화를 통해 수업에 대해 논의를 해야 합니다. 하지만 그렇다 하더라도 역동적인 수업 현장에 가보면 계획한 수업 지도안대로 수업이 진행되는 경우는 극히 드뭅니다. 사토마나부는 『수업이 바뀌면 학교가 바뀐다』에서 수많은 수업을 관찰한 경험을 다음과 같이 정리합니다.

> 셀 수 없을 만큼 많은 교실을 관찰해 왔지만 어느 곳 하나 같은 공기를 느끼게 하는 교실은 없었으며 같은 문제를 안고 있는 교실도 없었다. 어느 교실을 방문해도 비슷하거나 반복적인 수업이 이루어지고 같은 문제가 일어난다고 생각하는 경향이 있으나 일본 안에서 똑같은 사람을 아무리 찾아보아도 찾을 수 없는 것처럼 같은 교실 역시 하나도 없다. … 교실은 저마다 독자적인 얼굴을 가지며 독자적인 숨결 속에서 혼자만의 세계를 만든다.

학급마다 구성원의 특성이 다르고, 학생 개개인 역시 각자의 개성과 자라 온 환경이 모두 다르기 때문에 학급마다 수업이 똑같을 수는 없습니다. 그리고 같은 학급 내에서도 학생마다 수업 내용을 받아들이는 정도가 모두 다르지요. 그래서 교사가 매 순간 긴장을 늦추지 않고 있어도 본래 계획했던 대로 지도하지 못하거나 예상하지 못한 반응에 당황하는 경우가 생깁니다. 그러므로 관찰자는 수업 교사와 사전에 협의를 했다 하더라도 수업의 진행 전반에 대해 궁금한 점이 많이 생기게 마련입니다. 따라서 수업이 끝난 직후 교사와의 대화 과정을 거친다면 이를 해결할 수 있습니다.

## ④ 수업 분석

수업을 분석할 때는 논리적 타당성과 신뢰도를 높이기 위해 대략 다음 세 가지 원칙을 적용합니다.

**첫째, 사실에 근거한다(사실성의 원칙).**

분석의 근거는 당연히 사실에 입각해야 합니다. 따라서 수업 전에 만들어진 계획, 수업 중에 일어나는 교사 및 학생의 활동, 그리고 수업을 통해 생성된 결과물을 그 대상으로 합니다.

**둘째, 다면적으로 검토한다(다면성의 존중).**

분석자의 관찰 위치에 따라 수업 상황에 대한 해석이 전혀 상반되게 나타날 수 있습니다. 분석자는 자신의 관점, 자신이 내린 결론에 대해 그 반대 경우가 있을 수 있음을 인정하고, 이를 상기할 필요가 있습니다.

**셋째, 알 수 있도록 표현한다.**

분석 글을 작성할 때 지나치게 전문적인 용어를 사용하거나 자기 혼자만의 특별한 경험을 제시하면 혼란이 초래될 수 있습니다. 수업 분석의 목적은 어떤 개인의 전문적 지식이나 경험, 기술을 전수하고 배우며 익히기 위함이 아니라 참여자의 관점에 따른 다양한 가능성을 확인하고 보다 바람직한 방향을 설정해 가는 데 있습니다. 수업 협의나 분석 과정은 자기주장이나 관점을 강력하게 피력하는 장이 아닙니다. 타인의 의견에 대한 공감과 이해를 통해 수업을 종합적이고 총체적으로 이해하는 데 도움이 될 수 있는 방향으로 설정되어야 할 것입니다.

수업 분석의 시작은 전사록transcript을 작성하는 일입니다. 이 전사록과 수업 기록을 잘 결합하면 보다 완성된 수업 기록이 만들어집니다. 수업 기록을 보면서 비디오를 재시청하고 개인적으로 수업을 분석한 다음에는 팀 토론을 통한 코딩 작업을 진행합니다. 코딩을 마치면 연구 과제를 도출하여 수업을 분석하고 해석하는 작업을 할 수 있습니다.

천호성은 『수업 분석의 방법과 실제』에서 수업 분석 원칙의 하나로 사실성의 원칙, 즉 사실에 근거해야 함을 주장하였습니다. 이 원칙을 지키기 위해서는 꼭 전사록이 작성되어야 합니다. 정확하지 않은 기록이나 기억에 의존하여 수업을 분석하겠다는 어리석음을 더는 반복하지 말아야 할 것입니다.

전사록이 완성되면 전사록을 보면서 비디오를 재시청합니다. 그리고 수업을 분석하는 관점을 적용하여 각자가 개인적으로 수업을 분석합니다. 이 과정은 팀으로 모여서 토론하기 전에 각 개인의 주관적인 입장을 확고부동하게 하기 위함이며, 토론에서 다양한 의견이 도출될 수 있도록 준비하는 과정입니다. 각자의 주관이 없으면 팀 토론에서 다른 사람의 강한 주장에 휩쓸리기 쉬우며, 다양한 각도에서 수업을 바라보는 시선을 얻을 수 없습니다.

개인 분석 시간이 끝나면 팀 토론을 진행합니다. 각자가 수업을 보면서 느낀 점을 솔직하게 이야기하는 것을 시작으로, 이어서 여러 생각과 아이디어가 나오면 그것들을 모두 포스트잇에 기록하여 칠판 등에 붙여 가면서 범주를 만들어 나갑니다. 이때 나온 생각은 수시로 다른 범주로 이동할 수 있기 때문에 코딩할 때는 포스트잇을 사용하는 것이 편리합니다.

처음 코딩은 수업 진행 순서에 따라 난상 토론으로 진행됩니다. 이를 오픈코딩open coding이라고 합니다. 수업 전체에 대한 오픈코딩을 마치면 각각의 범주 사이의 관계를 살피고 수업 전반에 퍼져 있는 범주를 서로 연결하여 보다 큰 범주를 만듭니다. 축성 코딩axial coding이라고 불리는 과정입니다. 보통 한 시간의 수학 수업에서 축성 코딩을 완성하면 5~10개의 축이 만들어집니다. 이때부터 글쓰기를 위해, 그리고 수업에서 얻을 수 있는 연구 주제를 만들기 위해 범주를 서로 엮어 조합하는 과정이 시작됩니다. 이 과정은 선택 코딩selecting coding이라고 합니다. 어떤 범주는 여러 연구 주제에 사용되기도 하고, 범주의 조합에 따라 다양한 연구 주제가 만들어지기도 합니다. 코딩의 과정을 간단히 요약하면 다음과 같습니다.

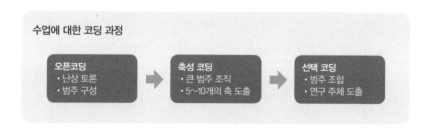

코딩의 과정은 다양하게 기록될 수 있지만 엑셀을 이용할 때 여러 장점을 누릴 수 있습니다. 처음 전사록을 작성할 때 엑셀에 수업 진행 시간과 화자 그리고 담화를 적습니다. 그다음 전사록에는 각자의 분석 내용을 적습니다. 그것이 범주화되면 오픈코딩이 적히고, 그것을 모으면 축성 코딩이 만들어지고, 이런 과정에서 여러 번의 정렬(소팅)이 간단하게 이루어집니다. 파일도 여러 층으로 구성되지요. 정렬을 달리 할 때마다 에피소드가 그에 따라 움직이기 때문에 나중에 글쓰기를 할 때 글의 주제와 해당되는 에피소드가 바로 정렬되어 원활한 작업이 가능해집니다.

코딩을 통해 연구 과제가 만들어지면 이제 거기에 맞게 수업을 분석하고 해석할 수 있습니다. 수업을 봤다는 사실 자체만으로는 수업을 분석할 수 없습니다. 어떤 수업도 한 수업으로 종결되는 경우는 없으니 전체 주제와의 관련성도 살펴야 할 것이고, 다른 주제와의 연관성을 살펴볼 필요도 있습니다. 또 여러 교과서를 비교 분석해야 하는 경우도 있습니다. 보다 심층적인 수학 지식이 필요할 때는 전문가에게 도움을 요청하거나 전공 서적을 참고하기도 하지요. 다양한 의견이 나올 때는 인근 동료 교사들의 여론을 수렴하기도 합니다. 기존의 연구 논문 역시 해당 수업의 전반적인 흐름과 생각을 이해하는 데 많은 도움이 됩니다.

수업을 분석한 글은 발표하여 다른 교사들과 공유합니다. 이혁규는 『수업, 비평의 눈으로 읽다』에서 수업 비평이 주는 유익한 점으로 소통적 대화의 풍토를 조성하고, 수업을 보는 안목을 고양시켜 주며, 우수한 수업 사례를 발굴하는 데 도움을 준다는 것을 꼽았습니다.

지금 가르치는 게 수학 맞습니까?

## ⑤ 각자의 수업에 적용

한 수업을 이와 같이 과학적이고 체계적으로 분석한 글은 수업을 진행한 교사와 관찰한 교사 모두에게 그리고 글을 보는 모든 독자에게 많은 배움거리를 줍니다. 수업을 분석하는 궁극적인 목적은 수업을 평가하기 위함이 아니라 그 수업을 통해 교사로서의 전문성을 향상시키고 각자의 수업을 개선하는 계기로 삼기 위함입니다. 그동안 수업에 대한 많은 연구가 나왔고 나름의 가치도 있었지만 수업 그 자체만으로 이와 같이 깊이 있는 연구가 이루어진다는 사실은 정말 의미가 있다고 볼 수 있습니다.

현장에서 이루어지는 실행 연구는 수업에서 그 연구거리를 찾아야 하며, 바로 그 수업을 개선하고자 하는 직접적인 목적을 지녀야 합니다. 그리고 반드시 수업을 진행한 교사나 관찰한 교사가 같이 참여하여 본인들의 반성적인 성찰을 통해 수업을 개선하는 것이 바람직하겠습니다.


## 5. 수학교사의 자기 개발

대학을 졸업하고 수학교사가 되면 길게는 40년 정도 학생을 가르치게 됩니다. 그러나 40년이 되어서야 제대로 가르칠 수 있다면 그동안 미숙한 교사에게 배운 학생은 어떻게 보상받을 수 있을까요? 그래서 우리는 교단에 서는 순간부터 하루빨리 부족함 없는 수학교사가 되기 위해 애를 씁니다.

필자는 수학교사의 성장과 발전을 3단계로 나눌 수 있다고 생각합니다. 처음 5년간, 그리고 다음 5년간, 이후 마칠 때까지로 나누는 방법이지요.

## ① 초임 교사 시절

5년 차 이하의 교사를 초임 교사라 칭하기로 하지요. 하룻강아지 범 무서운 줄 모른다는 속담처럼 아무것도 모르지만 엄청난 경쟁을 뚫고 교사가 되었다는 사실만으로도 배부르고 따뜻한 시절이 바로 이때입니다. 그러나 실제 교실에 가서는 아무것도 할 수 없음을 깨닫고 당황하기 시작하지요.

학생들이 자기 수업을 들어 주지 않으니 재미있고 흥미를 끄는 활동 수업 등에 관심을 갖기 시작하고, 멋있는 교수법을 찾아다닙니다. 그러나 초임 교사의 수업이 학생에게 먹히지 않는 것은 재미가 없어서도 활동을 하지 않아서도 교수법이 잘못되어서도 아닙니다. 학생에 대한 이해 부족이라는 근본적인 문제 때문입니다.

흥미를 끌고 재미가 있는 활동이나 소재로는 수학을 배우고자 하는 학생의 욕구를 만족시킬 수 없습니다. 그래 봤자 수학일 뿐입니다. 학생들은 재미있는 수업을 일주일만 하면 다음부터는 거기에 흥미를 느끼지 못합니다. 즉, 학생들은 수학적으로 의미 있는 발전을 할 때만 수학 수업에 흥미를 느끼고 관심을 가집니다. 그러므로 초임 교사에게 필요한 것은 더 많은 공부입니다.

지금 가르치는 게 수학 맞습니까?

그리고 이 시기에는 순수 수학과 학교 수학의 차이를 이해하고 느낄 수 있어야 합니다. 대학에서 배운 순수 수학이 학생에게 직접적으로 맞지 않음을 깨닫고, 순수 수학의 논리 연역적인 학습이 학생의 인지 수준에 어울리지 않음을 알아차리는 순간, 교사는 초임 교사에서 벗어날 준비가 되어 있는 것입니다.

수학교사에게는 순수 수학 지식뿐만 아니라 이를 어린 학생에게 가르칠 수 있는 교수학적 내용 지식PCK이 필요합니다. 수학교사가 되려면 바로 이 지식을 익혀야 합니다. PCK Pedagogical Contents Knowledge 는 수업에 성공적인 교사가 학생을 가르치는 데 필요한 특별한 지식입니다. 다음과 같은 것이 여기에 포함됩니다.

- 학생들에게 직접 가르치기 위한 내용의 구조화와 제시 방법
- 학생들이 특정한 내용을 학습할 때 부딪히는 공통적인 개념, 오개념, 난점에 관한 지식
- 특정한 교실 상황에서 학습을 위해 요구되는 구체적인 교수 전략에 대한 지식

가장 좋은 해결책은 학교 안에서 훌륭한 선배 수학교사를 만나는 일입니다. 그럼 날마다 찾아가 물으며 배울 수 있습니다. 그러나 우리나라 수학교사는 이런 면에서 충분하지도 않고 개방적이지도 않습니다. 우선은 선배 수학교사가 후배 수학교사를 가르칠 준비가 되어 있지 않습니다. 왜냐하면 자기도 그런 문화를 겪어 본 일이 없고, 관련 지식을 모두 혼자 터득했기 때문입니다. 후배 수학교사를 가르쳐야 할 필요성조차 느끼지

못합니다. 이런 와중에 후배 수학교사의 질문에 친절히 답해 줄 선배 수학교사는 많지 않습니다. 그러나 전혀 없는 것은 아니니 같은 학교에 근무하는 선배 수학교사 모두를 접해 보면 호의적이고 개방적인 사람을 찾을 수도 있을 것입니다.

그러나 이것은 어디까지나 그 학교의 형편일 뿐이므로 우리는 그다음 해결 방법을 찾아야 합니다. 이번에는 비슷한 처지의 수학교사들이 모여 인근의 선배 수학교사를 찾아 나서는 것입니다. 그래서 비록 같은 학교에 근무하지 않더라도 방과 후에 적당한 학교에서 매주 일정 시간 모임을 갖는 교사학습공동체를 만드는 것이지요. 이때 선배교사 없이 비슷한 또래끼리 교사학습공동체를 구성하더라도 서로 필요한 지식을 찾아 나가다 보면 혼자 고민하는 것보다는 쉽게 이 상황을 극복해 나갈 수 있을 것입니다. 아니면 실제적으로 활동하는 수학교사 모임에 합류하는 것도 좋은 방법입니다. 여러 가지 방법을 통해 학교 수학을 충분히 익혀야만 수학 수업을 제대로 할 수 있을 것입니다.

## ② 경력 교사 시절

초임 교사에서 벗어나 1급 정교사 연수를 받은 이후부터 약 10년 차까지를 경력 교사 시절이라 칭하겠습니다. 이제는 수학교사로서 순수 수학 지식을 갖추고 교수학적 내용 지식까지 충분히 익혔으니 학교 수학을 비로소 이해했다고 할 수 있겠습니다. 이때부터 고민할 문제가 바로 다양한 수업 방법입니다. 수학 학습에 대한 흥미와 동기를 유발하기 위해 여러 가지 교수법을 익혀야 합니다.

경력이 5년이 넘는데도 여전히 변변한 교수법 하나 익히지 못하고 초임 교사 때와 똑같은 수업을 하고 있다면 다시 생각해 볼 필요가 있습니다. 21세기의 수학교사가 테크놀로지를 제대로 다루지 못해서 적재적소에 필요한 첨단의 프로그램을 이용하지 못하다니요. 초임 교사 시절에 가장 절실한 것이 학교 수학에 대한 이해였다고 한다면 이 시기에는 다양한 교수법과 폭넓은 교육학적 지식이 가장 필요합니다.

우리는 대학 시절 몇 가지 교직 과목을 의무적으로 이수하였습니다. 교직 과목은 교육학을 비롯하여 교육사, 교육철학, 교육과정, 교육심리학, 교육사회학, 교육인류학, 교육평가, 교육통계 등 인문·사회과학 전반에 걸쳐 개설되어 있습니다. 모든 과목이 교사로서의 자질에 반드시 필수적이겠지만 이 가운데 정말 시급한 과목은 교육철학과 교육심리학과 교육인류학 등입니다. 교육철학이 뭔지 모르는 수학교사에게는 수학교육을 하는 철학이 없는 것과도 같으니 이런 교사는 입시 제도 등에 휩쓸려 다닐 수밖에 없습니다. 또 학생의 심리를 모르는 교사는 수업에서 일어나는 여러 가지 돌발 상황에 제대로 대처할 수 없을 것입니다. 교육인류학을 모르는 교사는 인간을 이해하지 못하는 것과 같으니 이런 교사는 교육자로서의 자질을 제대로 갖춘 것으로 보기 어렵습니다.

수학교사는 수학을 가르치면서 교육자로서의 능력과 자질도 갖추어야 합니다. 지적으로 뛰어난 자질을 가졌더라도 정서적인 결함을 가진 교사라면 정상적인 교육을 할 수 없을 것입니다. 수학 수업에서 민주적인 교실을 운영하지 못하는데 학생을 어떻게 민주 시민으로 양성할 수 있겠습니까? 어차피 수학자를 만들려고 학생에게 수학을 가르치는 것은 아니니 수학 수업에서도 민주 시민으로서의 자질과 능력을 심어 주는 일을 소홀히 할 수는 없습니다.

경력 교사가 이러한 것들을 충족하기 위해서는 대학원 진학을 생각해 볼 수 있습니다. 꼭 수학교육과나 수학과 대학원이 아니더라도 교육대학원에 가서 좀 더 폭넓은 수학 지식과 교육학 전문 지식을 갖추면 그야말로 경력 교사로서 손색없는 자질을 갖추게 될 것입니다.

다른 방안으로, 비슷한 고민을 하는 수학교사끼리 교사학습공동체를 만들거나 수학교사 모임에서 교사학습공동체 활동을 하는 것으로도 필요한 지식을 쌓을 수 있습니다.

## ③ 베테랑 교사 시절

교직에 10년 넘게 있었다고 해서 모두가 베테랑 교사인 것은 아닙니다. 앞서 소개한 두 단계를 거치는 동안 충분히 공부하고 자질을 갖춰 온 교사만이 베테랑 교사가 될 수 있습니다.

베테랑 교사라면 적어도 초임 교사를 지도할 능력을 지녀야 합니다. 순수 수학으로 무장된 초임 교사에게 교수학적 내용 지식을 전수해 줌으로써 하루빨리 학생들에게 가르쳐야 할 학교 수학을 인지하고 정상적인 수업을 할 수 있도록 도와주어야 합니다. 또한 경력 교사로서 여러 가지 교수법을 지도할 수 있어야 합니다.

그러나 10년 이상의 교직 생활에서 앞의 두 단계를 거치는 동안 충분히 준비하지 않았다면 경력에 관계없이 초임 교사 시절로 돌아가 교수학적 내용 지식을 익히고 다양한 교수법 등 교육학 이론 공부를 게을리 하지 말아야 합니다. 경력이 많으면 그와 같은 지식을 갖추는 데 걸리는 시간이 단축될 수도 있지만 생각이 굳은 탓에 오히려 장애가 될 수도 있습니다.

베테랑 교사가 후배를 지도하는 방법 중 꼭 필요한 것이 수업을 관찰하고 분석하는 일입니다. 후배 교사의 수업을 비판하고 꾸짖으라는 것이 아니고 수업 분석과 비평을 통해서 서로의 수업을 돌아보고 학생에게 수학을 바르게 가르치는 것이 무엇인지를 함께 고민하라는 것입니다. 초임교사는 수업에서 학생의 활동을 잘 볼 수 없고, 보았다 하더라도 제대로 이해하기는 어려울 것입니다. 그러나 베테랑 교사는 학생의 활동을 이해하고 해석할 수 있는 능력과 경험이 있으므로 초임 교사에게 폭넓은 안목을 심어 줄 수 있습니다.

매 시간 수업에서는 온통 수학교육을 연구하는 학자나 교사가 연구할 문젯거리가 많이 발견됩니다. 한편 학생의 움직임이나 언어에서 나오는 것은 어느 하나라도 놓치기 아까운 중요한 연구 주제가 됩니다. 이 사실을 인지하는 것이야말로 수학교육의 가장 중요한 연구 주제라고 생각됩니다. 베테랑 교사는 초임 교사와 함께 수학교육 그리고 수학교실을 연구해야 합니다. 그것이 초임 교사를 도와주는 최고의 방법입니다.

제3부

# 개념학습,
# 선택이 아닌 필수다

::

# 01 | 외우는 학생들

## 1. 상처받는 학생

서울의 한 자사고 1학년 학생을 상담한 적이 있습니다. 가져온 문제집 중 못 풀었다고 하는 유리함수 문제를 보며 관련 개념을 물었더니 하나도 모른다고 했습니다. 10년간 이 학생은 무조건 예제 푸는 법을 외워 비슷한 문제에 적용하는 방식으로 문제를 풀었던 것입니다. 이 학생에게 수학 공부라고 하는 것은 온통 문제를 유형별로 나눠 그 푸는 방법을 암기하는 것이었습니다. 그러니 풀어 보지 않은 유형의 문제가 나오면 그냥 못 푼다고 선언하는 것뿐 달리 할 수 있는 게 없었습니다.

이 학생에게 두세 쪽 앞으로 돌아가 개념 설명을 스스로 찾아 읽고 이해할 수 있을 만한 시간을 준 다음 다시 문제를 풀게 했더니 신기하게도 두세 개념이 섞인 문제인데도 해결이 되었습니다. 답이 맞았고 풀이 과정도 정확했습니다. 이 학생은 문제를 푼 직후 혼잣말을 했습니다. "수학 문제를 이렇게도 풀 수 있구나."

"뭐? 이렇게도 풀 수 있다고?" 어이가 없었습니다.

기억에 남는 상담자는 또 있습니다. 4~5년 동안 주말마다 중고생 수학 학습 상담을 하는 중에 만난 중 2 학생과 학부모입니다. 이 학생은 서울의 사교육 과열 지구에 살고 있는 만큼 초등학교 4학년 때 선행학습을 시작했다고 했습니다. 지금까지 수학 점수는 모두 100점이었고, 줄곧 전교 1등을 해왔으며, 현재 엄마는 전교 학부모 회장이었습니다. 그리고 아이는 그해 5월 당시 고등학교 '기하와 벡터' 과목을 선행 중이었고, 여름방학이면 고등학교 수학의 모든 과정을 마치게 된다고 했습니다.

이 아이는 뭐하러 왔을까요? 여기까지만 들으면 이해가 되지 않습니다. 어려서부터 엄마가 시키는 스케줄을 잘 소화하던 아이가 최근 반항을 시작했기 때문이었습니다. 수학 공부를 더는 하지 않겠다고 했다지요.

**"수학 공부가 다 끝났는데 왜 더 하라는 거죠?"**

얘기를 나눠 보니 이 아이는 그동안 자기 능력을 뛰어넘는 수학 점수를 암기로 유지해 오고 있었습니다. 그래서 지금까지는 어떻게든 100점을 맞아 왔지만 앞으로가 걱정이었지요. 고 3 진도까지 끝낸다고 해서 공부가 끝나는 게 아니라는 사실도 알아 버렸고요. 쉽게 말해, 이 학생은 '중2병'이었습니다.

중 2는 자기를 알고 부모님을 볼 줄 아는 나이입니다. 사춘기이지요.

사춘기가 되면 상처가 부담으로 나타나기 시작합니다. 수학에 대한 억울함과 부정적인 인식이 솟구치지요. 이때는 100점을 받아도 수학이 싫습니다. 상처 때문에요. 그 100이라는 점수가 자기 사고력을 발휘한 결과가 아니고 암기발, 학원발임을 알게 된 지금, 이 학생에게는 지식의 소유권이 없고, 그래서 자기 성취감이 없었습니다.

## 2. 개념 없는 문제 풀이의 한계

수학 공부에서 가장 중요한 것은 개념학습이라고들 합니다. 하지만 수학의 개념이 무엇이고, 어떻게 개념학습을 하는지에 대해서는 의견이 분분합니다. 하지만 개념학습법은 정확히 이해할 필요가 있습니다. 그러지 않으면 그냥 선언적인 수준에 그치고 맙니다.

30년 이상 학교에서 수학을 가르친 수학교사로서 필자는 그간 개념학습법을 제대로 설명하지 못했습니다. 이제야 개념학습법을 정립한 것은 수학을 공부한답시고 문제만 푸는 아이들이 너무 많고, 난무하는 여러 이상한 학습법을 바로잡아야 했기 때문입니다. 무엇보다 문제를 풀다 틀렸을 때 상처받는 학생을 많이 봤기 때문입니다.

어느덧 문제 풀이가 우리나라 수학교육의 대명사가 되었습니다. 우리나라 사람들은 '수학' 하면 누구나 문제 풀이를 떠올립니다. 수학 공부에 대한 선배들의 조언에도 문제 풀이에 대한 얘기는 빠지지 않습니다.

"매일 심화 문제를 열 개씩 풀어야 한다."

"문제집은 매일 다섯 장은 해결해야 한다."

"수학 문제를 매일 한 시간씩 꾸준히 풀어야 한다."

수학교육에서는 사실 수학 지식을 쌓는 것보다 논리적 사고력을 키우는 것이 중요합니다. 문제를 푸는 것은 수학 개념의 이해를 통해 논리적 사고력을 연습하는 수단입니다. 그런데 문제 풀이가 개념 이해보다 더 많이 회자되는 것은 주객이 전도된 모습이 아닐 수 없습니다.

## 문제를 못 풀면 상처가 생긴다

학생들이 수학을 싫어하는 이유는 뭘까요? 수학 개념에 대한 충분한 이해가 부족하기 때문입니다. 이런 상태에서 문제를 풀면 풀리지 않는 문제가 많은 게 당연합니다. 특히 심화 문제나 사고력 문제는 더더욱 풀리지 않을 것입니다. 중요한 것은 문제를 풀지 못할 때마다 상처가 생긴다는 사실입니다. 이 상처는 눈에 보이는 외상이 아니기 때문에 어른들은 이를 소홀히 생각하며 외면하고 무시합니다. 수학을 잘하는 단계에 이르는 데 필요한 피할 수 없는 운명, 성장통이라고 생각합니다. 이런 생각이 꼭 잘못됐다고 하는 것은 아니지만 해결책은 그리 간단하지 않습니다.

문제라고 하는 것은 함부로 풀리면 풀지 못할 가능성이 높아집니다. 실제로 공부를 많이 하는 학생, 상위권 학생에게 문제를 풀지 못한 상처가 많습니다. 이 상처는 곧 수학에 대한 부정적인 인식으로 이어지는데,

이런 과정이 반복되면 수학에서 멀어지는 원인이 됩니다. 그래서 문제를 풀기 전에는 꼭 개념을 충분히 이해해야 합니다. 완벽하게 이해하지 못하면 그만큼 풀지 못하는 문제가 많아지기 때문에 최대한 충분히 개념을 이해한 후 문제를 푸는 것이 최고의 학습법입니다.

## 한 번 풀지 못한 문제는 영원히 못 풀 가능성이 있다

문제를 처음 풀 때 자기 힘으로 해결하지 못하고 풀이를 외우는 방법으로 문제를 해결했다면, 당장 중간고사 정도는 넘길 수 있을지 몰라도 이 풀이를 장기 기억으로까지 연결할 수 있는 방법은 없습니다. 그래서 한번 풀지 못한 문제는 영원히 풀지 못할 가능성이 있습니다.

문제가 풀리지 않으면 다급해집니다. 상처가 생기기 때문입니다. 상처가 생기면 치료에 전념해야 하는데, 내공이 강한 학생이 아니고서는 보통 그 치료 방법으로 해답을 선택합니다. 해답을 보면 순간적으로 이제 풀 수 있다고 착각하게 됩니다. 그러나 이때의 해결 능력은 자기 힘이 아니기 때문에 근본적인 개념의 힘이 생긴 것으로 보기 어렵습니다.

우리나라 교과서에서 개념 설명 다음에 나오는 연습 문제는 대부분 그 개념을 바로 이용하면 풀리기 때문에 이 문제를 풀지 못하는 경우는 많지 않습니다. 하지만 심화 문제나 사고력 문제, 종합 문제 등은 직전에 배운 개념만으로 해결되지 않고 이전의 다른 개념을 연결시켜야 풀 수 있습니다. 예를 들면 도형 문제 속에 방정식이나 부등식이 섞여 있기도 하고, 지수와 로그 문제에 삼각함수가 포함되기도 합니다. 학생들은 이런 문제를 풀 때 수학 선생님은 앞뒤가 맞지 않는 이중 인간이라고 생각합니다.

심화 문제를 풀려면 당연히 개념에 대한 이해를 보다 충분히 갖추어야 합니다. 이전 개념이 부족한 상태에서는 심화 문제를 스스로 해결할 수 없습니다. 그래서 도전했다가 실패하고, 또 도전했다가 실패하고 나면 급기야 해답을 보게 됩니다. 해답에서 이전 개념을 적용한 결과를 보면 납득이 가는 부분이 생기고, 드디어 문제를 풀 수 있게 되기도 합니다. 하지만 이런 상황은 문제를 완전히 해결한 것으로 생각할 수 없습니다. 이 문제에 이용되는 이전 개념과의 관계는 전체적인 것이 아니고 부분적인 것일 가능성이 크기 때문에 이 문제를 풀었다고 해서 이전 개념을 충분히 이해한 것으로 보기에는 어려움이 있습니다. 이 학생은 비슷한 문제가 조금만 다르게 제시되어도 풀지 못할 가능성이 큽니다.

심화 문제든 보통 문제든 문제를 풀다가 풀리지 않고 서너 번 더 시도해도 해결되지 않을 때는 해답을 보는 것도 하나의 방법이 되지만 근본적인 처방은 개념을 다시 돌아보는 것입니다.

애슬럭은 『초등수학 교수법』에서 수학 개념을 충분히 이해하기 전에 문제를 풀게 되면 자동적으로 그 학습 방법은 절차적 방법이 될 것이며, 절차적 학습은 이후에 이어지는 의미 있는 학습, 즉 개념적 학습을 방해할 가능성이 많다고 설명하였습니다. 애슬럭이 말하는 절차적 방법은 개념에 대한 이해 없이 공식이나 문제 푸는 기술만을 익히는 공식암기학습이라고 생각할 수 있습니다.

## 아이들이 온통 개념이 없다

수학에서 가장 중요한 것이 개념학습이라고 하는데, 실제 학생의 상태를 파악해 보면 이들에게는 개념학습이 거의 되어 있지 않습니다. 초등학생이나 중학생, 고등학생 할 것 없이 개념 이해 상태는 지극히 불량합니다. 어찌된 일인가요? 어떤 내용을 공부했다면 다른 것은 몰라도 개념은 남아 있어야 하는데, 개념은 없고 절차적 지식과 문제 풀이 기술만 남아 있으니 심각한 문제가 아닐 수 없습니다.

초등학교 5학년에게 물었습니다. "$\frac{1}{4} + \frac{1}{6}$ 은 얼마일까?"

학생 1 : $\frac{2}{10}$ 입니다.

학생 2 : 아니야! 선생님이 분모가 다를 때는 통분하라고 하셨잖아!

학생 1 : 그래? 그럼 어떻게 해야 해?

학생 2 : 분모가 다를 땐 그냥 곱하면 돼. 4×6=24이니까 24로 통분하면 되겠네. 그럼 $\frac{1}{4} + \frac{1}{6} = \frac{6}{24} + \frac{4}{24} = \frac{10}{48}$ 이야.

학생 3 : 그렇게 더하는 게 어딨어? 분모가 같을 땐 분자끼리만 더하면 되잖아.
$\frac{1}{4} + \frac{1}{6} = \frac{6}{24} + \frac{4}{24} = \frac{10}{24}$ 이렇게.

학생 1 : 근데 분모가 같을 때는 왜 분자만 더해?

학생 3 : 수업 시간에 그렇게 하면 된다고 들었어. 참, 수업 시간에 선생님이 통분은 최소공배수로 하라고 그러셨어.

이번에는 중 1에게 물었습니다. "23×29는 소수素數, prime number일까?"

약수와 배수, 소수와 합성
수의 개념을 이해하고 있다
면 23×29라는 곱셈만 보고
도 이 수가 소수가 아님을 알
아차립니다. 1이 아닌 두 수
의 곱으로 표현했다는 것은

$$
\begin{array}{r}
23 \\
\times\ 29 \\
\hline
207 \\
46\phantom{7} \\
\hline
667
\end{array}
$$

$$2\overline{)667} \atop 333\cdots1 \qquad 7\overline{)667} \atop 95\cdots2$$

$$3\overline{)667} \atop 222\cdots1 \qquad 11\overline{)667} \atop 60\cdots7$$

$$5\overline{)667} \atop 133\cdots2 \qquad 13\overline{)667} \atop 51\cdots4$$

23과 29가 이미 23×29의 약수라는 얘기니까요. 그런데 많은 학생이 마
냥 계산을 시작합니다. 곱해서 667이라는 답을 내고, 그걸 다시 나눕니
다. 2부터 시작하여 2로 안 나눠지니까 3으로 5로 나누고, 계속해서 4, 6
으로도 막 나눕니다. 애들이 나누는 한계는 보통 13입니다. 13을 넘으면
그다음이 17인데, 이쯤 되면 짜증을 내지요. 그리고 더 안 나눠지는 것으
로 결론을 맺고 맙니다. "소수입니다."

23과 29로 곱해져 있으니 23과 29가 곧 이 수의 약수인데, 그걸 생각
하지 못하는 것입니다.

이런 예는 또 있습니다. 중 2 초입에 유리수의 성질이 나옵니다. 유리
수의 성질이 교과서에는 다음과 같이 정리되어 있습니다.

유리수의 소수 표현

① 분모에 2나 5 이외의 소인수가 있는 기약분수는 순환소수로 나타낼 수 있다.

② 유리수는 유한소수 또는 순환소수로 나타낼 수 있다.

중 2에게 물었습니다. "$\dfrac{1}{17}$은 순환소수일까?"

개념이 있다면 어떻게 생각해
야 할까요? 유리수 $\frac{1}{17}$의 분모 17
은 인수가 2나 5로만 되어 있지
않으니 $\frac{1}{17}$은 순환소수가 될 수밖
에 없다는 것을 생각해 낼 수 있
습니다. 이렇게 아무것도 손댈 것
없이 순환소수라는 답을 낼 수 있
습니다.

그런데 개념이 없는 많은 학생
은 다짜고짜 연필을 듭니다. 그
리고 열심히 나눕니다. 1 나누기
17 이라 쓰고 세로로 계속 열다
섯 번이나 나눕니다. 순환이 될까
요? 안 되겠지요. 같은 숫자가 반
복되지 않습니다. 그러다 보면 이
제 더는 계산할 수 없게 될 것입

니다. 연습장이 밑에까지 다 차버릴 테니까요. 여기서 두 번만 더 나누면
드디어 순환소수라는 사실을 발견하게 될 텐데, 안타깝습니다. 물론 두
번 더 나누지 못해 안타까운 것이 아니라 유리수의 개념을 모르고 있다
는 사실이 안타깝습니다.

여기서는 순환소수에 대해 교과서가 좀 더 깊이 있게 가르치지 못하고
있기 때문에 순환의 개념이 정확하게 생기지 못한 것으로 생각할 수 있

습니다. 즉, 왜 유리수는 순환할 수밖에 없는지를 발견하게끔 지도하지 못하고 주입식으로 지식을 제시한 것이 문제입니다. 순환하는 진짜 이유는 나머지가 유한하기 때문입니다. 교과서가 그걸 발견하는 학습 과정을 정확하게 제시했거나 선생님이 수업에서 학습지나 다른 방법을 통해 이러한 내용을 학습하도록 도움으로써 자기주도적으로 순환성을 발견하는 수업이 이루어졌더라면 이렇게 무작정 나누는 일은 하지 않았을 것입니다.

그럼 고등학생은 어떨까요? 다음은 한때 EBS 강의에서도 굉장히 논란이 된 문제입니다.

매일 아침 한 학생이 A에서 B로 걸어간다. 각 교차점에서는 동쪽 또는 남쪽의 길로만 다니고, 갈림길에서 한 방향을 택할 확률은 $\frac{1}{2}$이라고 할 때, 이 학생이 C를 지나갈 확률을 구해 보자.

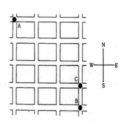

고 2 정도면 이런 문제를 보통 1분 안에 풉니다. 전체 경우의 수는 $\frac{7!}{3!4!}=$ 35, C를 거쳐 가는 경우의 수는 $\frac{6!}{3!3!}=20$이므로 구하는 확률은 $\frac{20}{35}$입니다. 이렇게 푸는 학생이 99퍼센트입니다. 그런데 이 풀이가 맞는 것이 아닙니다.

이 문제를 풀 때 필요한 원초적 개념은 초등수학에 있습니다. 초등에서 처음 분수를 배울 때 정확히 개념적으로 배우지 못하고 단순 암기로

지금 가르치는 게 수학 맞습니까?

배웠다면 그 결과는 이후 고등학교 학습에 악영향을 끼칩니다.

처음 분수를 배울 때는 $\frac{1}{3}$의 의미를 분명 정확히 배웠습니다. '어떤 것을 세 개로 나눈 것 중 하나'가 아니라 어떤 것을 세 개로 '똑같이' 나눈 것 중 하나가 분수 $\frac{1}{3}$의 정확한 정의입니다. 확률이나 분수에서는 똑같이 나눈다는 전제 조건이 아주 중요한 개념인데, 확률 문제를 많이 풀다 보면 이 말이 귀찮아집니다. 동전이나 주사위를 던지는 상황처럼 똑같다는 조건이 이미 친절하게 갖춰진 문제만 많이 풀다 보면 그 민감성이 사라지기도 합니다.

이렇듯 초등학생, 중학생, 고등학생 할 것 없이 우리 아이들에게는 온통 개념적인 학습, 즉 개념학습이 부족합니다. 가장 큰 원인은 학교 정규 고사가 대부분 오지선다형이나 단답형 수준에 머물고 대입에 결정적 역할을 하는 수능마저 오지선다형과 단답형으로만 이루어지기 때문입니다. 당연히 찍기 위주의 암기 학습이 성행할 수밖에 없습니다.

이 중 학교 시험이 큰 원인을 제공했다고 봅니다. 범위가 좁은 만큼 정규 고사에서는 개념학습보다 공식암기학습이 위력을 발휘하기 때문입니다. 자기주도적으로 개념학습을 한 학생은 80점대, 사교육에서 공식을 암기하도록 배운 학생은 90점대 점수를 받는 일이 많이 발생하면서 학생이나 부모 모두 개념학습을 멀리하게 되었습니다.

문제는 수능입니다. 수능 문제는 오지선다형이나 단답형으로 출제되어도 단기간의 공식암기학습으로는 해결하기가 어렵습니다. 그러나 이미 11년 동안 몸에 밴 학습 습관을 고칠 수는 없는 일입니다. 다음은 어떤 부모의 목소리입니다.

아이가 사칙연산에서 실수를 하고 단위 표기를 빼먹거나 단위를 착각하는 게 연습이 부족하고 부주의한 탓이라고 생각해서 틀린 문제 위주로 다시 보게 했습니다. 안타깝게도 문제는 개선되지 않고 아이는 수학을 점점 더 싫어하게 되었습니다. 개념이 부족해서라는 걸 왜 진즉 깨닫지 못했는지 후회가 됩니다.

## 부정확한 개념학습은 고 3 때 드러난다

수학에서는 한 시기에 어떤 개념을 정확히 이해하지 못해도 그냥 아는 것처럼 생각하고 넘어갈 우려가 있습니다. 그런데 정확히 이해하지 못한 개념은 바이러스와 같아서 잠복기로 들어가 버립니다. 계속 새로운 개념이 나오기 때문에 이전 개념을 안다고 착각하여 공식을 암기하다 보면 새로운 개념을 익히는 일은 이내 파묻히고 말지요. 여기에 학교 중간고사나 기말고사에서는 지나간 진도에 대한 시험을 치르지 않기 때문에 이해가 부족한 상태로 한 번 파묻힌 개념은 좀처럼 표면에 나타나지 않습니다.

그러다 고 3이 되면 이 개념이 표면에 드러나기 시작합니다. 3학년이 되면 3월부터 모의고사를 치르는데, 이때 시험 범위는 이전까지 배운 수학의 전체 진도입니다. 이때가 되어서야 과거에 파묻힌 부분을 평가받게 되는 것인데, 여기서 개념 이해가 부족한 부분을 발견하게 되더라도 보통은 어찌할 바를 모르다가 3학년을 그냥 보내게 됩니다. 그래서 3학년 수능 모의고사 수학 성적이 두 등급 이상 오르는 학생은 1퍼센트가 되지 않습니다.

다음은 어떤 부모가 자기의 과거 경험을 쓴 글입니다.

저의 학교 시절을 떠올려 보았어요. 초등학교는 그냥저냥 지나갔고, 중 1부터 순탄치 않았어요. 아랫집 아줌마가 제 수학 선생님이었는데, 시험만 치르면 저를 따로 불러 제가 보는 앞에서 시험지를 채점했어요. 선생님 앞에 서면 완전히 기가 눌렸죠. 중 3이 되자 어머니가 안 되겠다 싶어 저를 집 앞 속셈학원에 보냈는데, 중 3은 저 하나였어요.

선생님과 저녁 7시에 둘이서만 수업을 하는데, 참 어색하더라고요. 그때 인수분해였던가, 제가 잘 몰라서 쩔쩔매니까 선생님은 제가 이해할 때까지 한 문제를 몇 날 며칠 풀어 줬어요. 정말 한 달 후부터 시험에서 100점 맞는 일이 많아지고, 아랫집 선생님 앞에서도 기죽지 않게 된 기억이 있습니다. 하지만 고등학교에 와서 수학 성적은 곤두박질치기 시작했어요. 중학교 때와는 차원이 달랐지요.

아이의 고 3 첫 모의고사에서 충격을 받게 된다는 말을 들으니 식은땀이 났습니다. 결국 끈기 있게 수학을 대하지 않으면 언제든 무너질 수밖에 없습니다.

# 02 | 개념과 연결성

## 1. 개념이란 무엇인가?

수학 학습에서는 수학의 본질적 구조 그 자체와 그것을 둘러싼 연결 관계를 개념이라고 통칭합니다. 수학은 정의定義와 정리定理의 학문입니다. 정의는 초등학교와 중학교에서는 약속이나 뜻으로 표현됩니다. 정리는 정의나 이전의 다른 사실로부터 만들어지는 새로운 사실들인데, 쉽게 말해 공식이나 성질, 법칙 등이 정리입니다. 가장 핵심적인 개념인 정의와 그로부터 파생되는 정리를 유도 또는 증명하는 공부를 하는 것, 그리고 이것들을 연결하는 것이 개념학습입니다.

## 2. 개념 연결이란 무엇인가?

중·고등학생에게 왜 이렇게 수학 개념이 부족한지 이해할 수 없었는데 초등학교 교과서를 보니 깨달을 수 있었습니다. 중·고등학교 수학의 모든 개념이 초등학교에 있었기 때문입니다. 결국, 초등학교 수학 개념이 중·고등학교로 연결되지 못했던 것입니다.

초등학교 1, 2학년 수학이 대부분 수학의 시작점이고, 비율은 초등학교 5학년에 처음 배우는데, 비율을 분수로 본다면 초등학교 3학년을 그 시작점으로 볼 수 있습니다. 중·고등학교 수학 개념 대부분의 뿌리는 초등학교 수학에 있습니다. 초등수학에 연결되지 않는 중·고등학교 수학 개념은 거의 없습니다. 따라서 초등수학 개념을 명확히 알지 못한 상태에서 이루어지는 수학 공부는 그야말로 모래알로 집을 짓는 것과 같습니다. 이런 학생이 수포자가 될 확률은 100퍼센트에 가깝지요.

개념을 확장할 때는 새로 학습한 개념을 이전에 학습한 개념과 연결하는 '연결성'이라는 수학적 과정이 형성됩니다. 개념의 연결 방향은 당연히 오늘 이전입니다. 새로 학습한 개념을 이전에 학습한 개념과 모두 연결한 상태를 필자는 개념을 충분히 이해한 상태라고 정의합니다.

다음은 연결성 규준을 제시한 미국 수학교사연합회NCTM의 성취기준입니다.

- 수학적 아이디어 간의 연결성을 인식하고 활용할 수 있다.
- 수학적 아이디어가 서로 어떻게 연결되어 있는지 이해하고, 각각의 아이디어

에 기초하여 일관된 전체를 산출할 수 있다.

• 수학 이외의 상황에서 수학을 인식하고 활용할 수 있다.

연결성은 수학 내적인 연결성과 수학 외적인 연결성으로 나눌 수 있으며, 미국 NCTM의 교육과정Standards에서는 학생이 수학적 사고를 연결할 수 있을 때, 이해가 깊어지고 오래 지속된다고 설명합니다. 학생은 수학적 주제 간의 왕성한 상호작용 속에서, 수학을 다른 교과에 관련짓는 상황에서, 학생 자신의 흥미와 경험으로부터 수학적 연결성을 이해할 수 있습니다. 수학적 아이디어가 상호 관련되어 있음을 강조하는 수업을 통해 학생들은 수학뿐만 아니라 수학의 유용성에 대해서도 배울 수 있습니다.

## 연결성을 확보하는 것이 심화 학습이다

소수를 학습한 중 1에게 31×37이 소수인지를 묻는 질문에 90퍼센트 정도가 소수라는 오답을 낸다는 국제적인 연구가 있습니다. 실제로 실험을 해보면 소수가 아닌 이유를 정확하게 설명할 수 있는 학생은 극히 드뭅니다. 그렇다면 이런 문제를 풀 수 있는 능력은 어디서 길러질까요? 소위 심화 문제집으로 공부해야 하는 것일까요?

심화 문제집, 즉 경시대회용과 같은 어려운 문제집을 풀면 학생 스스로 해결할 수 없는 문제가 많아질 것이 분명합니다. 스스로의 능력으로 풀리지 않는 문제를 해결하는 방법으로 학생이 가장 많이 쓰는 방법은 문제 풀이 강의를 듣고 따라 풀거나 해답을 보고 그 기술을 익히는 것입니다. 그런데 꼭 이렇게 해야만 어려운 문제를 풀 수 있을까요?

소수의 개념을 확장하여 수학 내적으로 충분히 연결했을 때 이 문제를 풀 능력을 획득할 수 있다는 것이 개인적 생각입니다. 소수의 개념이 5학년의 약수까지만 연결되면 이 문제를 풀 아이디어를 얻지 못하지만, 나누어떨어지는 나눗셈과 그 이전 개념인 2학년의 곱셈으로 연결되면 이 문제를 풀 수 있는 개념을 갖추게 되는 것입니다.

실제로 연결해 보겠습니다. 초등학교 2학년 학생에게 소수는 서로 다른 두 자연수의 곱으로 나타낼 수 없는 수입니다. 즉, 1이 아닌 서로 다른 두 자연수의 곱으로 나타낼 수 있는 수는 소수가 아닙니다. 여기서 $2 \times 3$으로 나타낼 수 있는 6은 소수가 아닌 것처럼 $31 \times 37$도 소수가 아니라고 판단할 수 있는 능력을 획득할 수 있습니다.

이렇게 소수의 개념이 약수와 나눗셈을 넘어 곱셈까지 연결되는 '충분한' 개념학습을 거치면 소수에 대한 보다 높은 수준의 문제를 해결할 능력이 생깁니다. 이것이 심화 학습입니다. 진정한 의미의 심화 학습은 어려운 문제를 푸는 것이 아니라 개념을 깊이 있게 그 뿌리까지 확장하는 학습입니다. 개념의 충분한 이해라는 것은 학생이 연결할 수 있는 시작점까지 연결하는 것을 의미합니다.

연결의 능력과 속도는 학생마다 다릅니다. 따라서 연결성을 회복하며 수학의 내적 동기를 회복하고, 누구나 언젠가는 모든 수학 개념이 연결되는 순간을 맞이하게 된다는 가능성을 열어 두는 것이 진정한 수학교사의 마음 자세일 것입니다.

# 03 | 개념학습과 공식암기학습

## 1. 개념학습이란 무엇일까?

최대공약수 구하는 문제를 함께 보겠습니다. 두 수의 최대공약수의 정의
는 두 수의 공약수 중 가장 큰 수입니다. 공약수는 두 수의 약수 중 공통
인 수를 말합니다. 두 수 12와 30의 최대공약수를 구해 보지요.

> 방법 ① 정의대로 두 수의 공약수를 구하기 위해서는 각각의 약수를 먼저 찾는다.
> 12의 약수 : 1, 2, 3, 4, 6, 12
> 30의 약수 : 1, 2, 3, 5, 6, 10, 15, 30
> 두 수의 약수 중 공통인 약수, 즉 공약수는 1, 2, 3, 6이고, 이 중 최대인 6이 두 수
> 12와 30의 최대공약수다.

방법 ② 최대공약수를 찾는 보다 쉬운 방법은 오른쪽 그림과 같이 두 수를 공통으로 나누는 수를 차례로 찾아 더 나눠지는 수가 없을 때까지 계산하는 것이다. 두 수 12와 30을 공통으로 나누는 수는 2와 3이고, 최대공약수는 이 두 수의 곱 6과 같다.

$$
\begin{array}{r}
2\,)\ \underline{12\ \ 30} \\
3\,)\ \underline{6\ \ 15} \\
2\ \ 5
\end{array}
$$

방법 ①은 개념적인 풀이이고, 방법 ②는 절차적인 풀이입니다. 여기서 개념적인 풀이는 정의를 이용하는 풀이라고 말할 수 있습니다. 개념적으로 문제를 해결하는 것을 개념학습, 절차적으로 문제를 해결하는 것을 공식암기학습이라고 할 수 있습니다.

또 다른 문제를 보겠습니다. 고등학교 때 배우는 직선의 방정식은 통상 그 직선이 지나는 한 점의 좌표와 기울기가 주어진 경우에서 시작됩니다. 한 점 $A(x_1, y_1)$을 지나고 기울기가 $m$인 직

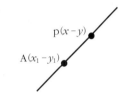

선 위 임의의 점을 $P(x, y)$라 하면 $\dfrac{y-y_1}{x-x_1}=m$이므로 이를 정리하면 $y=m(x-x_1)+y_1$이라는 직선의 방정식이 나옵니다. 교과서는 이 식을 중요하게 정리하고 있으며, 수업에서 교사는 이 식을 공식처럼 암기시키는 것이 보통입니다.

이 학습이 끝나면 두 번째 경우로 두 점을 지나는 직선의 방정식을 구하게 됩니다. 두 점 $A(x_1, y_1)$, $B(x_2, y_2)$를 지나는 직선의 기울기는 $\dfrac{y_2-y_1}{x_2-x_1}$이므로 첫 번째 구한 직선의 방정식에 $m$ 대신 $\dfrac{y_2-y_1}{x_2-x_1}$을 대입하면 $y=\dfrac{y_2-y_1}{x_2-x_1}(x-x_1)+y_1$이라는 아주 복잡한 식이 나옵니다. 이 식도 학생에게는 암기의 대상이 됩니다.

그렇다면 세 점 A(2, 1), B(-3, 5), C(a, 2)가 일직선 위에 있도록 하는 $a$의 값을 구하는 문제를 학생들은 어떻게 풀까요? 바람직한 풀이는 세 점이 일직선 위에 있으므로 직선 AB의 기울기와 직선 BC의 기울기가 같다는 생각으로 $\frac{1-5}{2-(-3)} = \frac{2-5}{a-(-3)}$라는 식을 세우고, 이 식을 계산해서 $a = \frac{3}{4}$의 값을 얻는 것입니다.

그런데 직선의 방정식의 결과만 암기한 학생이라면 이러한 식을 세울 수가 없습니다. 암기하고 있는 직선의 방정식의 결과를 이용해서 풀려고 할 것입니다. 먼저 두 점 A(2, 1), B(-3, 5)를 지나는 직선의 방정식을 공식에 대입하면, $y = \frac{1-5}{2-(-3)}(x-2)+1$에서 $y = -\frac{4}{5}x + \frac{13}{5}$이 되고, 점 C(a, 2)가 이 직선 위에 있으므로 이를 대입하면 $2 = -\frac{4}{5}a + \frac{13}{5}$, $a = \frac{3}{4}$의 값이 나옵니다.

첫 번째 풀이는 직선의 방정식을 유도하는 과정에서 나오는 기울기의 정의를 이용한 것이고, 두 번째 풀이는 그 결과로 나온 직선의 방정식을 구하는 공식을 이용한 것입니다. 첫 번째 풀이가 개념적인 풀이고, 두 번째 풀이가 절차적인 풀이입니다.

정리하자면 공식이나 계산 절차를 이용하는 풀이는 절차적인 풀이, 개념적인 풀이는 공식의 유도 과정 또는 정의를 이용하는 풀이입니다.


## 2. 공식암기학습의 단점

수학을 공부하는 방식을 말할 때 가장 강조하는 것은 수학의 개념을 정확히 이해하고 나서 문제를 풀라는 것입니다. 순서가 중요합니다. 개념도 모르고 문제를 푸는 것은 불가능합니다. 그러나 문제를 많이 풀다 보면 어느 순간부터 개념보다 공식, 문제 푸는 요령에 익숙해져서 기계적으로 문제를 풀게 됩니다. 이런 공식암기학습법에는 다음과 같은 문제가 있습니다.

첫째, 문제를 많이 풀어도 개념은 강화되지 않고 문제 풀이 기술만 늘어납니다. 그런데 문제 푸는 기술이 늘어나면 문제를 해결할 때마다 과거에 이런 문제를 어떻게 풀었는지 생각하는 습관이 형성됩니다. 그러다 경험해 본 적 없는 문제가 닥치면 해결하려는 시도도 하지 못하는 경우가 대부분입니다. 경험해 본 문제도 기억이 잘못되어 엉뚱한 공식이 생각나면 엉뚱한 결론을 내게 됩니다. 심지어 개념학습을 하더라도 비슷한 문제를 반복적으로 많이 풀면 공식암기학습으로 변환되어 개념이 사라질 우려가 생깁니다.

둘째, 공식암기학습에서는 개념이 강화되지 않으며, 그나마 가지고 있던 개념이 도태되어 버리는 경우가 생깁니다. 수학 개념은 평상시 일상생활에서 자주 사용되지 않으므로 자주 그 개념을 상기하고 강화시켜 주어야만 합니다. 그런데 공식을 많이 사용한다든가 문제 푸는 요령만을 사용하면, 개념을 상기하고 강화시킬 기회가 줄어들어 결국 장기 기억 속에서 개념이 사라지고 맙니다.

## 3. 공식암기학습의 장점

공식암기학습에 단점만 있는 것은 아닙니다. 때로는 절차적인 이해가 필요합니다. 다음 경우에는 공식암기학습이 효과적입니다.

첫째, 내용 자체가 공식암기학습을 적용하면 용이한 부분이 있습니다. 예를 들어 유리수의 사칙연산이 그렇습니다. 분수의 나눗셈에서 분자와 분모를 바꾸어 곱하는 내용은 개념적으로 이해하는 것이 어렵고 시간도 많이 걸립니다. 공식을 암기하여 학습한 이후에 시간 여유가 있을 때 개념을 이해하는 방법을 사용할 수 있습니다.

둘째, 공식암기학습은 문제에 대한 답을 빠르고 쉽게 구할 수 있기 때문에 시험을 앞둔 시점에서는 효과적일 수 있습니다. 그리고 그 보상이 즉각적이며 명확하다는 점에서 일시적인 성취감과 자신감을 주기도 합니다. 모든 수학의 원리와 개념을 이해해야만 한다고 하면 중위권 이하 학생은 아예 포기할 가능성이 큽니다. 그러므로 하위권 학생의 자신감 회복을 위해서라면 개념학습보다 공식암기학습이 유용할 수 있습니다.

셋째, 개념적인 이해는 수학의 많은 배경지식을 요구하는 반면, 절차적 이해는 배경지식이 없어도 학습이 이루어질 수 있습니다. 그러므로 초등수학 지식이 많이 부족한 중학생이 초등 선수 지식이 필요한 부분을 학습할 때는 우선적으로 공식암기학습을 하고, 나중에 초등 개념을 익혀서 다시 개념학습을 하는 것이 효과적일 것입니다.

넷째, 특정한 과제 하나만을 학습할 때는 절차적인 이해가 빠르고 효과적입니다. 그러나 각 과제마다 별도의 절차가 존재하고, 이런 절차를 그 많은 과제마다 기억해야 한다면 언젠가는 한계가 올 것입니다.

## 4. 개념학습의 장점

수학을 개념적으로 또는 관계적으로 이해하고 공부하는 것에는 여러 장점이 있습니다.

첫째, 연결 능력이 키워집니다. 개념 사이의 관계는 질적으로 유기적이기 때문입니다. 수학의 공식에서 유기적 관계를 발견하기는 어려운 일입니다. 유기적 관계는 개념이나 정의 사이에 주로 존재합니다. 그러므로 서로 연결되는 지점은 공식이 아니라 개념이나 정의 정도까지 내려가야 찾을 수 있습니다. 개념적으로 공부하지 않으면 여러 개념을 서로 연결할 수 없겠지요.

둘째, 응용 능력이 키워집니다. 수학을 개념적으로 이해하면 새로운 과제에 적응하기가 용이합니다. 개념이 풍부해지고 연결성이 강해지면 응용과 적응은 절로 이루어지지요. 새로운 문제가 닥쳤을 때 문제에서 요구하는 개념이 이미 알고 있는 개념과 연결되면 문제는 어렵지 않게 풀립니다. 반대로 개념이 부족하거나 이미 알고 있는 개념과 잘 연결시킬 수 없다면 문제가 쉽게 풀리지 않겠지요. 곧, 개념이 별로 없는 상태에서는 절차나 도구만으로 개념을 연결시킬 수 없으니 문제를 잘 풀 수가 없습니다.

흔히 응용력이 부족하다는 말을 하지요. 응용력은 타고나는 별도의 능력이 아니라 개념이나 논리를 충분히 이해하면 생기는 능력입니다. 개념이 없는 것은 응용할 준비가 되지 않은 것과 같습니다. 응용력은 개념이 탄탄해지면 저절로 연결성이 늘어나 생기는 능력입니다.

분모가 다른 분수의 대소 비교를 개념적으로 이해한 학생은 통분과 단위분수의 개념, 즉 분자가 1인 분수의 개념을 모두 이해하고 있기 때문에 분모가 다른 분수의 덧셈을 금방 해낼 수 있습니다. 하지만 분모가 같은 분수의 대소를 비교할 때는 분자만 비교하면 된다는 절차적 지식, 즉 공식만 습득한 학생은 분모가 다른 분수의 덧셈에 이 공식을 적용할 수 없기 때문에 따로 학습해야 합니다.

셋째, 개념적으로 이해된 지식은 기억하기가 쉽기 때문에 장기 기억으로 저장됩니다. 원천 개념 하나를 정확히 이해하면 관계적으로 연결되어 있는 개념은 필요할 때마다 어렵지 않게 끄집어낼 수 있는데, 연결성을 생각할 때마다 그 기억은 강화되고 반복되므로 장기 기억 속에 계속 남아 있게 됩니다.

넷째, 개념적으로 공부한 학생은 수학을 좋아하게 됩니다. 수학을 개념적으로 공부하면 여러 개념이 서로 연결되는 경험을 하게 되는데, 여러 가지가 연결되면 서로 모이게 되고, 또 하나로 변신하는 데서 재미를 느낄 수 있습니다. 개념적인 이해 그 자체로 내적 동기가 강해지기 때문에 결국 수학을 좋아하게 되지요.

# 04 | 3단계 개념학습법

## 1. 정의를 이해하는 1단계 개념학습

1단계는 정의를 이해하는 과정입니다. 정의는 교과서에 나온 그대로 받아들여야 하고 깊이 새겨야 합니다. 개념의 정의 그 자체를 이해하는 것이지요. 흔히 정의는 약속이므로 그냥 받아들여 암기해야 한다고 하는데, 정의 자체를 이해하려면 그렇게 정의한 이유를 생각해 봐야 합니다. 단순히 암기한다면 언젠가는 기억에서 사라질 것입니다.

예를 들어 분수의 정의에서 "어떤 것을 '똑같이' $n$개로 나눈 것 중 하나를 $\frac{1}{n}$이라 한다"고 할 때 '똑같이'라는 개념은 어느 순간 사라집니다. 중학교나 고등학교에서 배우는 확률도 분수로 나타내기 때문에 똑같다는 개념이 나오는데, 대부분의 학생이 확률에서 똑같다는 개념에 주목하지 않습니다. 확률의 정의에서 일어날 수 있는 전체 경우가 갖춰야 할 전제 조건은 각 경우가 일어날 가능성이 똑같아야 한다는 것입니다. 확률이 분수로 표현되기 때문에 초등학교 3학년에서 나온 분수의 정의와 일관성이 유지되는 것을 알 수 있지요. 초등학교 3학년에서 분수를 정의할 때 똑같다는 개념을 강화하려면 똑같지 않은 상황을 접하면서 당황하는 학습이 필요합니다. 이를 통해 앞으로 분수를 쓸 때는 분모에 해당하는 각 경우가 모두 똑같은지를 따져야 한다는 개념을 갖추게 됩니다.

중1에서 소수의 정의는 "1보다 큰 자연수 중 1과 자기 자신만을 약수로 가지는 수"입니다. 그런데 소수를 공부하고 한두 달만 지나면 소수의 정의에서 '1보다 큰 자연수 중'이라는 단서가 희미해집니다. 이유가 뭘까요? 소수를 왜 1보다 큰 자연수 중에서만 생각해야 하는지 고민하지 않았기 때문입니다. 우리나라 교과서에는 친절하게 "1은 소수도 합성수도 아니다"라고 제시되어 있습니다. 이 내용을 당연하게 받아들이고 암기한 학생은 더 고민하지 않고 넘어갈 것입니다. 왜 1을 소수에서 제외했는지 고민한 적 없는 학생에게는 언젠가 1보다 큰 자연수 중에서 소수를 생각한다는 개념이 사라지고 맙니다.

수학교과서에 나오는 모든 개념에 대해서는 반드시 왜 그런지를 학습해야 합니다. 그래야만 정의가 정확히 이해되고 이 기억을 장기 기억으로 보낼 수 있습니다. 정의를 이해하는 방법은 여러 가지셌지만 그중 하나는 정의 자체를 부정하는 것입니다. 만약 정의가 그렇게 되지 않았다면 어떻게 되었을까를 고민해 보면, 결국 이 정의가 최선이고, 이렇게 될 수밖에 없었음을 필연적으로 이해하게 됩니다.

시험에서는 개념을 묻는 문제가 진짜 어렵고 중요한 문제입니다. 우리나라 시험에는 이런 문제가 별로 없습니다. 개념을 묻는 문제는 이미 만들어진 정의와 공식을 이용하는 문제가 아니라 그 개념이 만들어지는 과정에서 도출된 여러 가지 내용에 대한 질문입니다. 이때는 이미 외운 개념이나 공식을 이용할 수 없기 때문에 수학적 사고력을 발휘하지 않으면 해결하기가 어렵습니다.

　퇴직 후 처음으로 초등학교 교과서에 나오는 분수의 정의를 보게 되었는데, 그 내용은 $\frac{1}{4}$이라는 분수의 정의였습니다. 사과 한 개를 4조각 낸 것 중 하나가 $\frac{1}{4}$이 아니라, 사과 한 개를 똑같은 크기로 4조각 내야만 $\frac{1}{4}$이라는 분수가 정의된다는 것이었지요. 똑같이 나눌 때만 분수를 쓴다는 얘기였어요. 순간, 고등학생에게 확률 개념이 왜 부족한지 알게 되었습니다. 고등학생들은 똑같지 않은, 즉 등분할이 아닌 상황에서는 분수를 쓸 수 없다는 사실을 모르고 있습니다. 필자도 그것이 중요함을 정확히 가르치지 못했습니다. 확률의 학문적인 개념은 더 복잡하고 다양하지만, 초등학교 분수의 정의가 곧 고등학교 확률의 정의라 해도 과언이 아닙니다.

　이 상황에서 분수를 정확히 이해하려면 똑같지 않은 상황에서 분수를 만들어 보면 됩니다. 즉, 피자를 아무렇게나 8조각 내고 8명이 $\frac{1}{8}$씩 먹는다고 할 때 크기가 작은 조각을 먹은 사람은 $\frac{1}{8}$을 먹었다고 생각하지 않을 것입니다. 똑같이 나누지 않았기 때문이지요. 이렇게 똑같지 않으면 분수가 될 수 없다는 사실을 접하고 나면 똑같이 나눌 때만 분수를 쓴다는 개념을 확실히 이해하게 될 것입니다.

## 2. 공식을 유도하는 2단계 개념학습

개념학습의 다음 단계는 공식이나 성질을 이해하는 것입니다. 그런데 이 성질, 즉 정리, 법칙, 공식 등은 개념의 정의나 다른 성질로부터 논리적으로 유도되어야 합니다. 그 유도 과정을 공부하는 것이 2단계 개념학습입니다. 공식을 암기하면 문제 풀이에 효과적인 면이 많지만 억지로 암기하기보다 유도하는 과정을 통해 저절로 기억되게 하는 것이 가장 이상적이지요. 단순한 공식암기학습은 개념을 충분히 이해하지 못한 상태에서 문제를 풀었을 때 나타나는 학습법입니다.

공식 유도 과정은 스스로 도출할 수 있으면 가장 좋습니다. 하지만 일종의 증명 과정이라고도 할 수 있는 공식 유도 과정은 상당한 능력을 필요로 합니다. 그래서 혼자 힘으로 해결할 수 없는 경우도 있을 수 있습니다. 스스로 도출하기 어려우면 유도 과정을 보고 이해하는 정도만으로도 충분합니다. 그것도 어려우면 친구나 교사의 도움을 받아 이해하려고 노력하는 방법도 가능합니다.


## 3. 이전 개념과 연결하는 3단계 개념 확장

3단계는 지금 배운 개념을 이전과 연결시키는 것입니다. 새로운 수학 개념을 학습하면 그 개념과 연결된 이전의 개념을 모조리 끌어내 연결하는 것이지요. 이렇게 해야 개념을 충분히 이해한 것으로 생각할 수 있습니다. 이런 과정을 거치며 수학의 개념은 결국 모두 연결되어 있다는 생각을 갖게 되면 내적 동기가 커지면서 수학을 좋아하게 됩니다. 개념이 충분히 연결되면 심화 문제나 사고력 문제가 해결될 것입니다. 문제 풀이 기법이나 공식을 외워서가 아니라 자기 힘으로 어려운 문제를 풀어 냈을 때의 기쁨은 이루 말할 수 없겠지요.

수학의 개념이 모두 연결되어 하나가 된다는 생각은 수학은 위대한 학문이라는 생각으로 연결되고, 이는 다시 수학의 필요성을 자각하게 합니다. 또 새로운 개념은 내가 알고 있는 개념과 비슷할 뿐이므로 새로운 개념이 나왔다고 해서 새로 시작해야 하는 것이 아님을 거듭 체험하다 보면 자신의 개념 영역 역시 어느새 넓어져 있을 것입니다.

개념을 충분히 이해했다고 말할 수 있으려면 1, 2, 3단계의 학습을 다 마쳐야 하는데, 이때 3단계에서의 개념 연결은 과연 어디까지 이루어져야 할까요? '충분히'라는 말에서 짐작할 수 있듯이 '끝까지', 즉 수학의 시작점까지 내려가면서 연결시켜야 충분한 정도가 됩니다. 그래서 결국 초등수학까지 가야 하는 것이고, 수학을 하는 입장에서는 공리까지 가야 충분하다고 할 수 있습니다.

3단계 개념학습법 중 1단계 정의(뜻) 이해 학습과 2단계 정리(공식, 성질, 법칙 등) 유도 학습은 교과서에 명시된 것이므로 그대로 할 수 있습니다. 하지만 3단계 개념 확장 학습은 쉽지 않습니다. 교과서에서는 이전 개념과 연결 상태가 간단하게만 이루어지므로 깊이 있는 연결은 본인 스스로 해야만 합니다.

# 함께 만들어 가는 꿈

A 선생님,

책의 내용이 선생님의 질문에 답이 되었는지 궁금합니다.

15년 정도 이전에 저 멀리서 조그만 구름으로 나타난 수업 혁신 실험이 경기도의 일부 학교에서 시작되었습니다. 그리고 이 실험은 조심스럽게 성공 사례를 만들어 갔습니다. 이렇게 시작된 수업 혁신의 바람은 A 선생님이 활동 중인 '배움의 공동체'라는 조직으로 퍼져 나갔고, 수업 혁신 실험이 이루어진 학교는 경기도교육청의 공식적인 혁신학교로 발전하게 되었습니다.

이와 더불어 수업을 혁신하고자 하는 여러 조직과 모임이 생겨나 사라지지 않고 지금까지 유지되는 것을 보면 수업 혁신은 너무나 당연하고 교육자의 양심과 철학에 꼭 맞는 일이라는 생각이 듭니다. 최근 불고 있는 '거꾸로 교실'로 대변되는 미래교실네트워크 바람도 급속도로 세를

넓혀 가고 있습니다.

전국수학교사모임의 교사학습공동체인 세미나팀의 학습 주제나 2017년 1월에 열린 제19회 Math Festival의 프로그램에서는 수업에 대한 얘기가 주를 이루었습니다. 수업 개선에 대한 열망이 강한 만큼 그 변화가 시급합니다. 조그만 구름으로 나타났던 변화의 바람이 15년 이상 멈추지 않고 지속된 결과, 이제는 태풍의 위력으로 사회 변화를 이끌 때가 다가오고 있습니다.

'수포자' 발생 문제 역시 대부분 학생의 배움을 중심에 두지 못한 수학 수업에서 발생하므로 수학 수업이 정상화되면 수포자 문제가 상당 부분 해소될 것이라고 확신합니다. 그리고 수학에 대한 긍정적 인식이 확산되어 자라나는 세대를 수학교육에서 목표하는 창의적이고 논리적 사고를 지닌 인간으로 성장하도록 도울 수 있을 것입니다. 우리 수학교사들이 가지고 있던 문제의식이 질문에서만 끝나지 않고 끊임없는 실천과 실험을 통해 현실에 적용되어 가는 사례에서 수학교육의 희망을 찾아보려 합니다. 그 변화에 A 선생님과 제가 함께 합니다.

어느 시인의 말처럼 "꿈을 혼자서 꾸면 꿈에 지나지 않지만 꿈을 모두 함께 나누어 꾸면 반드시 현실"이 됩니다.

A 선생님, 함께 꿈을 만들어 갑시다!

삼각지에서
최수일 드림

# 부록

::

# 수업 준비 체크리스트

| 시기 | 체크 사항 | 실행 여부 |
|---|---|---|
| 수업·전 | 1. 무엇을 학습할 것인가? – 학습 주제 선정하기 | |
| | 2. 어떤 목표를 달성할 것인가? – 구체적 학습목표(정의적 목표와 인지적 목표) 설정하기 | |
| | 3. 어떤 과제를 제시할 것인가? – 반성적이고 의사소통이 가능한 과제 제시하기 | |
| | 4. 주어진 과제에 대한 학생의 반응은 어떻게 예상할 수 있는가? – 예상하기 | |
| | 5. 예상되는 반응 중 어떤 전략을 어떤 순서로 수업에서 진행할 것인가? – 선정하기와 계열 짓기 | |
| | 6. 수업의 마무리는 어떻게 할 것인가? – 연결하기 | |
| 수업 중 | 1. 주어진 과제가 학생의 자기주도적 발견을 유도하는가? | |
| | 2. 학생의 반응 중 예상하지 못한 돌발적인 것이 있는가? | |
| | 3. 돌발 반응에 순발력을 가지고 대응하는가? | |
| | 4. 수업에서 소외된 학생은 없는가? | |
| | 5. 학습과 관련한 의미 있는 그룹 활동이 이루어지고 있는가? | |
| 수업 후 | 1. 수업이 계획대로 진행되었는가? | |
| | 2. 돌발 상황에 대한 대처는 적절했는가? | |
| | 3. 수업 마무리로 진행한 연결하기는 적절했는가? | |
| | 4. 다음 시간에 추가로 보충해야 할 일은 없는가? | |
| | 5. 오늘 학습 주제에 대한 각 학생의 이해 상태는 파악되었는가? | |
| | 6. 다음에 다시 이 수업을 한다면 수정하고 싶은 부분은 어디인가? | |
| | 7. 수업 중 학생의 배움이 일어났다고 생각되는 지점이 어디인가? | |

# 수업 디자인 구성 예시

## 수업 디자인 구성

이 수업 디자인은 학생의 자기주도적 발견을 위한 배움 중심의 계획입니다. 5단계 수업 진행론을 중심으로 하는 수업 디자인을 설계하는 과정을 예시로 구성해 보았습니다.

### 학습목표 만들기

수업을 준비하면서 가장 최우선으로 생각해야 할 것은 가르칠 내용을 결정하고 거기에 따른 학습목표를 작성하는 작업이다. 검정제 교과서 제도의 현실과 우리나라의 문화적 배경에서 생각해 볼 때, 가르칠 내용을 결정하는 것은 교사가 아니라 교과서의 진도다. 즉, 내용은 이미 결정된 것이나 다름없으니 다음으로 할 일은 학습목표를 만드는 것이다.

교육과정의 성취기준은 학습목표라고도 할 수 있지만 우리나라 교육과정의 성취기준은 아직 내용 중심의 기술 방식에서 벗어나지 못한 탓에 구체적이지 못하다. 정의적인 영역의 성취기준 역시 포함되어 있지 않다. 따라서 수업을 디자인할 때 첫 번째로 할 일은 학습목표를 구체적이고 상세하게 잡는 것이다. 그래야 학습목표에 맞는 탐구 활동을 만들 수 있다.

이번 차시 내용은 정다면체다. 관련된 교육과정을 이해해야 한다. 정다면체 학습에 관련한 교육과정의 성취기준은 다음과 같다.

[9수04-07] 다면체의 성질을 이해한다.

정다면체는 구체적으로 나와 있지 않다.

성취기준에 이어 나오는 '(가) 학습 요소'에 '정다면체'가 나온다. 그다음에 나오는 '(나) 교수 · 학습 방법 및 유의 사항' 중 "다각형과 다면체는

| 대단원 | 차시 | 내용 | 비고 |
|---|---|---|---|
| 입체도형의 성질 | 1차시 | 입체도형 단원 도입 | |
| | 2~3차시 | 다면체의 뜻과 성질 | |
| | 4차시 | 정다면체의 뜻과 성질 | 본시 |
| | 5차시 | 다면체의 겉넓이 | |
| | 6~7차시 | 다면체의 부피 | |
| | 8차시 | 중단원 연습 문제 | |

그 모양이 볼록인 경우만 다룬다"는 항목이 정다면체 학습에도 관련이 있다.

본 수업이 대단원 또는 중단원에서 차지하는 위치와 지도 순서 등도 고려해야 한다. 정다면체의 뜻과 성질은 입체도형 대단원의 다면체 중단원 4/8차시에 진행된다.

학습목표 구체화 및 상세화 작업은 이렇게 성취기준과 학습 요소, 교수·학습 방법 및 유의 사항 등을 살펴 교육과정의 기본 맥락에서 벗어나지 않는 범위 내에서 이루어져야 한다. 학습목표를 기술할 때는 다음과 같이 인지적인 영역과 함께 정의적인 영역도 함께 고려한다.

(1) 정다면체의 뜻을 말하고, 정다면체와 정다면체가 아닌 것을 구별할 수 있다.

(2) 전개도 또는 다각형 구체물(교구)을 이용하여 정다면체를 만들 수 있다.

(3) 광물의 다양한 결정 모양에서 정다면체의 뜻을 찾아냄으로써 수학과 과학을 융합하는 연결성을 경험하고 수학의 유용성을 느낄 수 있다.

(4) 주어진 과제를 스스로 해결하는 경험을 통해 자기주도적인 학습 태도를 기를 수 있다.

(5) 그룹 활동 및 전체 공유 활동을 통해 다른 사람의 해결 방법을 경청하여 이해함으로써 자기 자신의 해결 방법을 보다 정교하게 확장할 수 있다.

## 탐구 활동 만들기

이제 구체화된 학습목표를 달성하기 위한 탐구 활동을 만든다. 다섯 가지 학습목표 중 "(1) 정다면체의 뜻을 말하고, 정다면체와 정다면체가 아닌 것을 구별할 수 있다"의 목표를 달성하기에 적합한 탐구 활동을 구성한다.

| 탐구 활동 1 | 다음은 광물의 결정 모양을 다면체로 나타낸 것입니다. 각 면을 이루는 다각형들의 변의 길이가 모두 같다고 할 때 물음에 답하시오.

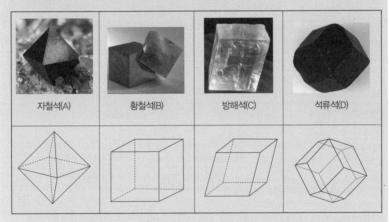

1. 다면체 A, B의 공통점이 무엇인지 생각하고 그 결론을 정리하시오.
2. 다면체 C는 다면체 A, B와 비교했을 때 어떤 점이 다른지 토론해 보고 그 결론을 정리하시오.
3. 다면체 D는 다면체 A, B와 비교했을 때 어떤 점이 다른지 토론해 보고 그 결론을 정리하시오.

이 탐구 활동의 결론으로 정다면체의 뜻을 말하고, 정다면체와 정다면체가 아닌 것을 구별할 수 있게 된다. 이후 두 번째 인지적 학습목표를 위한 탐구 활동으로 다각형 교구를 이용하여 정다면체 만드는 과제를 만들 수 있다. 그리고 (3)~(5)의 정의적 영역의 학습목표는 각 활동의 질문을 통해 도달할 수 있도록 수업 중에 개인 활동과 그룹 활동, 전체 공유 활동을 적절히 배치한다.

## 수업의 흐름과 시간 계획

과제가 완성되면 수업의 흐름에 따라 시간 계획을 세운다.

| 수업의 흐름 | 활동 방법 | 소요 시간/누계 |
|---|---|---|
| 전(前) 차시 복습 | 전체 확인 활동 | 5분/5분 |
| [탐구 활동 1] 1번 | 개인 활동 | 5분/10분 |
| [탐구 활동 1] 2번 | 그룹 활동 | 10분/20분 |
| [탐구 활동 1] | 전체 공유 활동 | 5분/25분 |
| [탐구 활동 2] | 개인 - 그룹 - 공유 활동 | 20분/45분 |

## 5단계 수업 진행론의 준비 작업 실행

### ① 예상하기

학생의 과제 해결 방법을 예상한다. 방법을 많이 찾아낼수록 수업 준비에 도움이 된다. 혼자 하는 것보다 동료 교사가 모여 같이 머리를 짜내는 것이 효율적이다. 바른 풀이와 더불어 예상되는 오류도 유형별로 찾아내는 것이 좋다.

### ② 선정하기

예상하기를 통해 만들어진 여러 전략 중 오늘의 학습목표에 어울리는 것을 선정한다. 오답 유형도 중요한 것은 수업 진행에 포함될 수 있다.

### ③ 계열 짓기

선정한 전략의 전체 발표 순서를 미리 정해 놓는다. 그래야 수업 시간에 예상하지 못한 돌발 상황이 발생했을 때 순조롭게 수정할 수 있다.

### ④ 연결하기

먼저, 발표한 학생의 전략 사이의 관계를 연결한다. 그래서 낮은 수준의 발표라도 높은 수준의 발표와 연관성이 있다는 것을 보여 준다. 모두가 수업에 기여했음을 느끼면 수업에서 소외되는 학생이 줄어들고, 낮은 수준의 성취를 보이는 학생이 높은 수준으로 도달하는 길을 발견하게 되기도 한다.

다음으로, 예상한 전략과 그날의 학습목표를 연결할 준비를 한다. 학습목표에 부족한 부분을 교사가 그날 바로 연결할지, 다음 시간으로 연장하여 지도할 것인지를 결정한다.

# 수업관찰록 예시

## 수업관찰록

> 이 수업관찰록은 수업을 관찰하는 동안 기록한 것을 수업 후 빠른 시간 내 자세히 보완하여 정리한 것입니다. 더 자세한 관찰 기록을 완성하기 위해서는 전사록(녹취록)이 필요합니다. 전사록의 에피소드를 관찰 기록에 가미하면 수업에 직접 참여하지 않은 독자에게 수업을 보다 정확하고 자세히 전달할 수 있습니다.

2005년 3월이다. 역시 교실은 생동적이다. 학생이 있는 한 교실은 그야말로 삶의 교육 현장이다. 김 교사는 경력이 아직 5년도 안 된 초임 교사다. 관찰을 한다는 말에 걱정이 많았다는 얘기를 들었지만 거짓말 같았다.

오늘 수업은 수학 8-가 교과서의 제1단원 유리수에서 유리수와 소수라는 중단원을 마치고 단원 종합 문제를 푸는 두 번째 시간이었다. 단원 종합 문제 여덟 개 중 네 개(1, 2, 3, 5번)를 지난 시간에 마쳤고, 오늘은 남은 네 개(4, 6, 7, 8번)를 풀 차례다.

문제를 풀기 전에 지난 시간 것을 간단히 복습했다.

> **교사 : 정수가 아닌 유리수는 모두 유한소수로 나타낼 수 있다는 명제는 참일까, 거짓일까?**
>
> **학생 : 거짓!**

**OC**(Observer's Comment, 관찰자의 생각) : 나는 이 명제의 참, 거짓을 머릿속으로 판단하는 데 시간이 꽤 오래 걸렸는데 아이들은 서슴지 않고 거짓이라고 외쳤다. 나중에 알았지만, 이 명제는 지난 시간 끝 무렵에 풀이한 5번 문제에 나와 있는 것이었다. 그래서 이미 설명이 된 상태라고 볼 수 있다. 하지만 이렇게 긴 명제를 그냥 말로만 듣고서 그것이 참인지 거짓인지를 판단하려면 잠시라도 생각할 시간이 필요할 것 같다. 수학적 사실 또는 명제를 어수선한 상태 또는 빠른 말로 제시했을 때, 그 명제의 참, 거짓이 듣는 순간 판단되기는 어렵다고 본다. 조금 천천히 생각할 기회를 주었으면 했다. 또한 전체를 향한 질문이자 가부만 묻는 질문으로는 학급 전체의 이해 상태를 파악하는 것이 쉽지 않다. 바로미터 격인 몇 명의 학생을 정하고 그들의 이해 상태를 파악하는 것은 어떨까?

이어서 칠판에 나와 문제 풀 학생을 정하는데, 순전히 자발성을 요구했다. 손을 드는 건 남학생뿐이고, 여학생은 없다. 그 결과, 대부분 남학생이 지목된다. 문제를 풀러 10여 명이 나왔는데, 그중 여학생은 단 한 명뿐이었다.

**OC** : 왜 발표자는 남학생뿐일까? 담임이 여교사라서 여학생들은 선생님의 눈치를 보는 걸까? 여학생은 모두 기가 죽어 보였고, 남학생은 예쁜 담임선생님의 마음을 차지하기라도 하려는 듯한 모습이었다. 여학생은 성숙도가 빨라서 이미 발표하는 것을 꺼리고, 남학생은 아직 초등학생 티를 못 벗어 저리 손을 드는 걸까? 발표 태도 혹은 횟수가 수행평가 점수에 반영된다고 하면 여학생들이 다른 모습을 보일까? 왜 초등학교 때는 발표를 잘하다가 중학생, 고등학생이 되면 발표 활동이 줄어들까? 수학에서 발표 활동은 무슨 의미가 있을까? 모두가 연구할 주제의 나열이다.

드디어 4번의 (3), (4), (5), (6) 문제를 칠판에 모두 풀었다. 이제 문제 푼 학생이 각각 설명을 할 차례다. 익숙지 않아 어색한 모습이었다. 칠판 앞에서 칠판을 보며 설명하면 아무도 그 설명을 볼 수도 들을 수도 없지 않나. 누군가 안 보인다고 불평하면 한쪽으로 비켜서는 학생이 있는 반면에 들은 척도 안 하고 계속 설명하는 녀석도 있었다. 교사가 지도를 해주었으면 싶었다. 4번의 (3)번 문제는 $2.0\dot{1}\dot{6}$을 분수로 나타내는 문제였다. 학생은 나와서 칠판에 이렇게 풀었다.

$$x = 2.0161616\cdots\cdots$$

$$1000x = 2016.1616\cdots\cdots$$

$$10x = 20.1616$$

빼면 $990x = 1996$

$$x = \frac{1996}{990} = \frac{998}{495}$$

교사는 그냥 넘어가지 않고 왜 $10x$의 값을 구했는지 물었다.

**OC** : 절차적인 풀이만 적당히 읽고 넘어가면 안 된다. 담당 교사는 당연한 풀이가 아니라 필연적 풀이임을 가르치려는 신념을 가지고 있었다. 수업 전체를 보면 비단 이 문제뿐만 아니라 다른 문제에서도 이런 모습을 종종 볼 수 있었다. 수학 문제는 그 문제를 풀어 답을 구하는 것만이 목적은 아니라고 생각한다. 각 문제를 통해서 얻을 수 있는 교훈을 다 파헤쳐 다양한 생각을 하게 하는 것이 교육적으로 중요하다. 문제를 변형시켜 보거나 문제의 조건을 확장하여 일반화에 이를 수 있다면 정말 좋은 교육이 될 것이다.

4번의 (4)번은 분수를 순환소수로 고치는 문제였다. 학생의 풀이는 다음과 같았다.

그래서 결과는 $=0.26\dot{6}$으로 썼다. 교사는 $0.2\dot{6}$과 비교를 요구했고, 이에 학생은 자기의 잘못을 인정했다. 이어 교사가 등호 사용에 관한 주의를 주었다. 오

$$
\begin{array}{r}
0.266\cdots\cdots \\
15{\overline{\smash{\big)}\,40\phantom{)}}} \\
\underline{-30\phantom{)}} \\
10\phantom{)} \\
\underline{-\phantom{0}9\phantom{)}} \\
10\phantom{)} \\
\underline{-\phantom{0}9\phantom{)}} \\
1\phantom{)}
\end{array}
$$

늘 수업 내내 정확한 등호 사용에 대해 많이 강조하였다. 그냥 $=0.2\dot{6}$이 아니라 $\dfrac{4}{15}=0.2\dot{6}$으로 정확히 사용해야 한다고 했다.

**OC** : 교과서에서 순환소수 표현하는 방법에 대해 언급한 내용을 보았다. "순환소수는 순환마디의 양 끝의 숫자 위에 점을 찍어 나타낸다"고 되어 있었다. 개인적으로는 학생의 표현 방법과 교사가 교정해 준 표현 방법이 같은 것이라고 생각한다. 혹시 위와 같이 표현법을 정했더라도, 다소 어리숙한 학생의 답을 틀렸다고 지적하기보다 바람직하지 않은 방법이라고 조언하는 정도로 가볍게 넘어가면 좋겠다. 단지 보다 깔끔하고 세련된 표현을 찾는 것이라면 또 모르겠지만. 등호의 정확한 사용에 관한 강조는 아주 인상적이었다. 고등학생이 되어서도 등호를 아무 데나 붙이는 학생이 많다. 오늘 수업에서도 여러 명이 이런 실수를 했고, 다들 정확히 쓰려 노력했다. 학생들이 식을 제대로 쓰지 못하고 기호나 등식의 사용에서 오류를 저지르는 이유는 무엇일까?

4번의 (5)번 문제 $\dfrac{8}{33}=0.\dot{2}\dot{4}$에 대해서도 교사는 그냥 넘어가지 않고 $0.\dot{2}42\dot{4}$와 비교하며 이렇게 표현하면 안 된다는 것을 반복했다. 하지만, 글쎄?

4번의 (6)번 문제까지 다 푼 다음에는 칠판을 지우고 학생에게 6, 7, 8번을 풀게 했다. 이 세 문제는 발전 문제로, 수준이 높은 것들이었다.

6번은 $0.\dot{3}\dot{4}=34\times\square$에서 $\square$ 안에 알맞은 순환소수를 써넣는 문제였다. $0.\dot{3}\dot{4}=\dfrac{34}{99}=34\times\dfrac{1}{99}$이므로 $\dfrac{1}{99}$을 $\square$ 안에 넣으면 되는데, 문제에

서 순환소수를 써넣으라 하니 다시 $\frac{1}{99}$을 순환소수로 고쳐 $0.0\dot{1}$이라고 썼다. 학생이 간단하게 넘어가려고 하니 교사가 $0.\dot{3}\dot{4} = \frac{34}{99}$가 되는 과정을 자세히 설명할 것을 요구했다. 학생이 설명해 나갔다.

$$100x = 34.343434\cdots\cdots$$
$$x = 0.343434\cdots\cdots$$
빼면 $99x = 34$
$$= \frac{34}{99}$$

여기서 교사는 학생들에게 표현의 잘못을 찾아보게 하고, $= \frac{34}{99}$를 $x = \frac{34}{99}$로 수정해 주면서 등호 사용에 대한 주의를 강조하였다.

7번 문제는 $\frac{1}{6}$과 $\frac{3}{5}$ 사이의 분수 중에서 분모가 30이고 유한소수로 나타낼 수 있는 수를 모두 구하는 것이었다. 학생은 $\frac{5}{30} < \frac{x}{30} < \frac{18}{30}$로 조건을 표시하고, 유한소수가 되려면 $x$가 3의 배수가 되어야 하므로 $\frac{6}{30}$, $\frac{9}{30}$, $\frac{12}{30}$, $\frac{15}{30}$의 네 개가 있다고 답하였다. 왜 3의 배수가 되어야 하느냐는 질문에, 책에 힌트가 주어진 것을 보고 그냥 따라 했다고 답했다. 나중에 교사의 약간의 도움으로 학생은 분모를 소인수분해하면 2와 5 이외에 3이라는 소인수가 나오니까 3의 배수가 되어야 한다고 수정하였다.

**OC** : 옛날 교과서에는 문제에 힌트라는 게 없었는데, 제6차 교육과정의 고등학교 교과서를 제작할 때부터 힌트를 주기 시작했다. 교과서 지면이 넓어지면서 자동적으로 생긴 여백에 문제의 힌트를 주는 것이 대부분 관행이 되었다. 그러나 이 장면에서 보았듯이 힌트라고 하는 것은 학생의 생각에 도움을 줄 수도 있지만, 방해가 될 수도 있음을 고려해야 한다. 과연 힌트는 문제 풀이에 필요한 것일까? 아니면 어떤 식으로 힌트가 주어져야 할까?

7번의 풀이에서 어느 학생이 $\frac{6}{30}$, $\frac{9}{30}$, $\frac{12}{30}$, $\frac{15}{30}$ 를 약분해야 한다고 주장하자 교사 역시 반드시 약분해야 한다고 덧붙이며 답을 $\frac{1}{5}$, $\frac{3}{10}$, $\frac{2}{5}$, $\frac{1}{2}$ 로 고쳤다. 약분 과정에서 몇몇 학생이 너무 빠르다고 불평하자 교사가 속도를 늦췄다.

**OC** : 수업 시간 칠판에서의 계산은 천천히 진행되어야 한다고 생각한다. 학생들은 계산을 쫓아가지 못하면 이내 포기하기 때문이다. 그러니 되도록 늦는 학생의 수준에 맞추는 것이 좋지 않을까? 그리고 약분에 대한 강조는 그리 좋지 않다고 생각한다. 약분의 편리성이나 간편함은 인정하지만 기약분수가 항상 좋은 것은 아니다. 확률이나 퍼센트를 생각할 때는 $\frac{1}{4}$ 보다 $\frac{25}{100}$ 가 훨씬 편리한 표현이다.

8번 문제는 홍일점 여학생이 풀었는데, 분수 $\frac{A}{B}$ 가 만족하는 세 가지 조건에서 분자 $A$의 값을 구하는 문제였다. 그중 $B$의 값이 1400이라는 조건이 있었는데, $\frac{A}{1400}$ 라는 문제로 바꾸고 조건을 두 개로 줄였으면 좋을 뻔했다.

$A$는 11의 배수인 두 자리 자연수이고, 분수 $\dfrac{A}{B}$를 소수로 나타내면 유한소수라고 했다. 따라서 분모 1400을 소인수분해해서 $1400 = 2^3 \times 5^2 \times 7$을 얻으니 여기서 7이 약분되어 없어져야 하고, $A$는 11의 배수이므로 $A = 77$로 정할 수 있었다. 학생의 설명에 두 자리 수라는 조건에 대한 언급이 없으니 교사는 세 자리 수 중 최소라는 조건으로 문제를 바꿨다. 학생들은 의외로 빨리 답을 했다. 770과 154.

단원 종합 문제 풀이를 마친 후에는 숙제로 나누어 준 활동지에 대한 언급이 있었다. 활동지에서 암호 분석 결과를 완성하니 김춘수 님의 「꽃」이라는 시가 되었다. 교사는 이에 빗대 수학의 의미를 언급했다. 수학의 다양성을 설명하고자 한 것 같았다.

한 시간의 수업에 대한 관찰자의 생각(OC)를 보니 온통 우리 교사들이 연구할 문제투성이다. 교사는 학생의 움직임이나 언어에서 나오는 것이라면 어느 것이라도 중요한 연구 주제가 될 수 있음을 느껴야 하고, 이것이야말로 수학교육의 가장 중요한 연구 주제라고 생각된다.

# 수업 분석 글쓰기 예시

## 유리수와 순환소수

수업 분석 글쓰기 작업은 수업을 관찰한 교사학습공동체의 보다 정밀한 분석 작업을 거쳐 완성됩니다. 법조인 집단의 판례집, 의료인 집단의 임상 기록과 맞먹는 작업이지요. 임상 기록으로 『동의보감(東醫寶鑑)』이 유명한데, 교사 집단에는 동사보감(東師寶鑑)이 필요합니다. 동사보감은 선배 교사가 후배 교사를 위해 남겨야 할 중요한 기록입니다. 글을 좀 더 정교히 다듬고 이론적인 근거를 붙이는 등의 작업을 거치면 논문이 될 수도 있습니다. 이 글은 전국수학교사모임 교실관찰팀이 '유리수와 순환소수' 관련 수업을 관찰한 내용과 팀원이 그동안 이 단원을 가르치면서 느꼈던 생각과 문제점을 에피소드 중심으로 기술한 것입니다.

### 교실수업의 형태

이 교실은 서울의 한 중학교 2학년 학급이며, 이 학급의 교사는 교직 5년 차 이하의 새내기다. 수업은 수학 8-가 교과서의 제1단원 유리수에서 유리수와 소수라는 중단원을 마치고 마지막으로 단원 종합 문제를 푸는 두 번째 시간이다. 단원 종합 문제 여덟 개 중 네 개(1, 2, 3, 5번)는 지난 시간에 마쳤고, 오늘은 남은 네 개(4, 6, 7, 8번)를 풀 차례다. 이 수업은 비디오로 녹화된 것을 보고 전사록을 작성하여 분석한 것이다.

## 수업의 관찰

### 에피소드 1. 약분=기약분수?

다음은 7번 문제다.

> 7. $\frac{1}{6}$ 과 $\frac{3}{5}$ 사이의 분수 중에서 분모가 30이고 유한소수로 나타낼 수 있는 수를 모두 구하여라.
>
> $\frac{x}{30}$ 가 유한소수가 되려면 $x$는 3의 배수여야 한다.

학생 A가 나와 칠판에 문제를 풀었다.

분자를 $x$ 라 하면

$$\frac{5}{30} \langle \frac{x}{30} \langle \frac{18}{30}$$

유한소수가 되려면 $x$는 3의 배수가 되어야 한다.

$$\therefore \ \frac{6}{30}, \ \frac{9}{30}, \ \frac{12}{30}, \ \frac{15}{30}$$

학생 A의 설명이 끝나자 학생 B가 약분은 안 하느냐고 물었다. A는 "문제에 분모가 30인 수라고 나왔으니까 (상관없다)"라고 답했다.

학생 B : 약분 안 해도 돼?

학생 A : 약분을 왜 해? 분모가 30이라고 했는데.

학생 C : 그거 다 안 해도 되는 거야? 왜?

학생들 : 하하하(웃음)

학생 A : (웃으며) 아이, 문제에 분모가 30인 수를 구하라고 나왔으니까.

학생 사이에 논란이 된 약분에 대한 내용을 교사가 다시 정리한다.

교사 : 아까 이 약분되는 수를 그대로 써도 되는지에 대한 질문이 나왔는데, 그냥 써도 될까?

(된다는 답과 안 된다는 답이 여기저기서 동시에 나온다)

교사 : 된다고 생각하는 사람. (손을 들어 보이면서 학생의 의사를 묻는다)

(학생 A만 손을 번쩍 든다)

교사 : 응. 내리고. 이번에는, 안 된다고 생각하는 사람. (역시 손을 들어 보이며 의사를 묻는다)

(다수가 손을 든다)

교사 : 안 된다고 생각하는 사람 중에 왜 그런지 이유 얘기해 볼 수 있는 사람 있을까? (대답이 없자) 자, 다시 한 번, 분모를 30으로 꼭 두어야 할까, 아니면 바꾸어도 될까?

학생 D : 안 돼요.

교사 : 안 돼요?

학생 E : 돼요.

학생들 : 돼요!

교사 : 바꿔도 돼요? 왜요?

학생 E : 똑같아요. 약분하면.

학생 D : 그런데 문제에서 분모가 30인 수를 구하라고 했는데요.

교사 : 자, E가 한 말의 요점은, 지금 분모가 30이라고 했어. 그런데 E가 무슨 말을 했냐면, 똑같은 수라고 했어. (칠판에 $\frac{1}{5}$과 $\frac{6}{30}$을 기록하며) $\frac{1}{5}$과 $\frac{6}{30}$은 같은 수야, 다른 수야?

학생들 : 같은 수!

교사 : 같은 수야. 그러면 $\frac{6}{30}$ 대신 $\frac{1}{5}$을 쓰면 같은 거야, 다른 거야?

학생들 : 같은 거!

교사 : 같은 거야. 분자, 분모에 똑같은 수만 곱하면 분모를 30으로 만들 수 있지? 이 수를 그냥 이대로 쓰면, 물론 만약 30분의 $x$에서 $x$의 값을 구하라고 하면, 이 상태에서 6, 9, 12, 15라고 쉽게 읽을 수 있겠지만… (뭔가 알겠다는 듯 고개를 끄덕이는 학생이 많이 보인다) 우리 분수에서 약속하기를, 뭐라고 했니? 약분할 수 있는 건 다 약분해서 기약분수 형태로 나타내자고

했지?

학생들 : (고개를 끄덕거린다)

교사 : 어차피 기약분수로 바꾸어도, 이렇게 다시 되돌아갈 수 있으니까, 이렇게

나온 답들을 모두 기약분수로 나타내는 것까지 해줘야겠지.


그동안 서술형 또는 단답형 문항에서 답을 기약분수로 나타내지 않은 표현에 대한 채점 기준이 논란이 되어 왔다. 한 가지 주장은 수학에서 최종적인 풀이와 답은 이 수업의 교사가 언급했듯이 답을 기약분수 형태로 나타내는 것이기 때문에 약분이 되지 않은 답은 풀이가 완결되지 않은 것이므로 감점 처리 하는 것이 맞다는 의견이고, 또 다른 주장은 약분을 하지 않더라도 그 수는 동치, 즉 같은 수이므로 감점의 요소가 되지 않는다는 것이다.

초등학교 수학 5-가 교과서에서는 약분을 '분모와 분자를 공약수로 나누는 것'이라고 정의한다. 그리고 나서 "$\frac{20}{24}$ 을 약분하라"는 문제에서 $\frac{5}{6}$ 만을 답으로 제시한다. 이것만으로는 자칫 '약분=기약분수'이고, 약분하라는 말은 기약분수로 만들라는 말인 것으로 이해하기 십상이다. 지도서에도 약분은 단지 복잡성을 감소시켜 분수의 계산을 간단히 하기 위한 것이라고 되어 있으며, 반드시 기약분수로 나타내야 한다고 명시된 부분은 아무 데도 없다.

학생 E가 "똑같아요, 약분하면"이라고 한 것처럼 $\frac{6}{30}$ 과 $\frac{1}{5}$ 은 동치류이기 때문에 약분하지 않은 상태로 답을 적어 내더라도 틀린 게 아니다. 수학적 의미에서 같은 것을 감점 처리 하거나 틀렸다고 하는 것은 결국

동치를 부정하는 것이다. 언어적으로는 사고와 표현의 다양성 측면에서 비슷한 말도 비유로 많이 쓰게 하는 현실인데, 여기서 동치마저 인정하지 않는다는 것은 수학을 스스로 옭아매는 행위라고 생각할 수 있다. 그러니 우리는 다음과 같은 비아냥거림을 들을 수밖에 없는 것이다.

수학은 융통성 없는 학문이며, 수학 선생은 찔러서 피 한 방울 안 나올 괴물이다.

### 에피소드 2. 교과서 여백의 힌트는 악역 배우

7번 문제 풀이가 계속된다.

7. $\frac{1}{6}$과 $\frac{3}{5}$ 사이의 분수 중에서 분모가 30이고 유한소수로 나타낼 수 있는 수를 모두 구하여라.

$\frac{x}{30}$가 유한소수가 되려면 $x$는 3의 배수여야 한다.

학생 A가 "유한소수가 되려면 분모 30에 대한 분자 $x$가 3의 배수가 되어야 한다"고 설명하자 다른 학생이 질문한다.

학생 B : $x$가 왜 3의 배수야?

학생들 : 하하하(웃음)

학생 A : 야, 책에 나와 있어.

책을 보니 오른쪽 여백에 이 힌트가 나와 있다.

학생이 의미를 모른 채 단순히 모방하는 방식으로 문제를 푸는 경우가 꽤 있다. 이런 현상은 수업 중에도 흔히 보인다. 교사가 학생과 상호작용 하면서 수업을 의미 있게 진행하는 것처럼 보이지만 실은 진정한 상호작용이 일어나지 않는 것이다. 대부분의 교사는 학생에게 그날 배울 개념을 설명하면서 학생 스스로 충분히 이해할 시간을 주기보다 교사가 계획하고 있는 시간 내에 이해하는 것을 중요하게 생각한다. 그래서 자기 의도에 맞는, 자기가 원하는 답을 유도하기 위해 엄청난 힌트를 제공한다. 이것이 상호작용의 깔때기 패턴 혹은 토파즈 효과다. 학생이 교사가 원하는 대답을 해주거나 교사가 답을 가르쳐 주면서 수업을 마친다면 과연 그 수업에서 학습이 일어났다고 볼 수 있을까?

이런 현상은 교과서의 예제와 바로 이어지는 유사 문제(유제)의 풀이 과정에서도 일어난다. 거의 모든 교과서가 본문에서 어떤 수학적 사실을 가르친 이후 반드시 예제를 제시한다. 그렇게 어떤 유형의 문제를 푸는 시범을 보인 다음, 그 밑에 그와 유사한 문제를 주는데, 이때 학생은 이미 예제에서 해결한 방법을 그대로 모방하여 풀게 마련이다. 이른바 '교사 시범-학생 모방'의 전형적인 수업이다. 전혀 사고하지 않고 오로지 주어진 방식대로 따라 푼 것을 본인이 해결한 것으로 착각하여 칠판에까지 나와 푼 학생 A의 떳떳함, 아니 뻔뻔함을 심어 준 것이 바로 연습 문제에도 혹시나 하고 제공된 힌트인 것이다.

민영은(2008)은 학생들이 예제의 풀이 과정을 그대로 따라 유제를 풀이하는 방법으로 수학을 공부한다고 하였다. 즉, 학생들은 예제를 풀 때 혼자 힘으로 해결하려는 시도를 하기보다 앞서 제시된 예제의 풀이 과정에 밑줄을 그어 가며 이를 이해한 후 그 과정을 그대로 따라서 문제를 해결한다는 것이다. 또한 연습 문제를 풀 때도, 지금까지 풀어 왔던 예제나 유제와 비슷한 유형의 문제는 해결하고자 하는 의지를 보이지만, 처음 보는 유형의 문제는 해결하려는 시도조차 보이지 않았다고 설명했다.

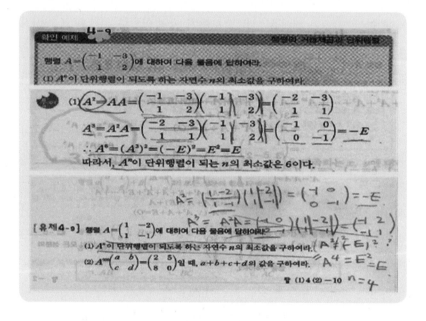

이 그림은 문제를 풀 때 예제의 풀이를 그대로 적용하면 된다는 학생의 신념을 드러낸다. 예제의 풀이에 한 줄 한 줄 밑줄을 그어 가며 정독한 것을 봐도 그렇고, $A^2$을 계산해서 $-E$가 나왔지만 예제의 풀이에서 $A^3$

까지 계산했기 때문에 이 학생도 아무 생각 없이 $A^3$까지 계산한 것을 봐도 알 수 있다. 또한 이미 $A^3$까지 계산했다면, 계속해서 $A^4$가 $E$임을 보이면 자연스러울 수 있는데, 그렇게 하지 않고 $A^3$가 $-E$가 아닌 데 대해 물음표를 하고 빗금을 그었다. 이후 다시 한 번 예제의 풀이를 본 후에야 $(A^2)^2 = (-E)^2$임을 이용하여 $A^4 = E$를 구했다.

결론적으로 교과서의 힌트와 예제의 풀이는 학생의 학습을 전혀 돕지 못하고 오히려 학생의 사고를 저해하는 악역을 맡는다. 교과서 저자들은 이 점을 고려하여 여백에 힌트를 제시할 때 신중해야 하며, 예제와 그 풀이를 제공하는 전형적인 문제집 형식 자체에 대해서도 교육적으로 고민해 볼 필요가 있다.

## 에피소드 3. 순환소수

문제 4번은 "다음에서 순환소수는 분수로, 분수는 순환소수로 나타내어라"이다. 학생 F가 $2.0\dot{1}\dot{6}$을 분수로 나타내는 것에 대해 설명한다.

> 학생 F : 이거 2.016의 16에다 도트(dot) 붙인 거는, 0이 순환마디가 아니기 때문에 앞으로 당겨 주면 $10x$는 20.1616…… 이렇게 반복되는데, $10x$에다가 순환마디만큼 또 당겨 줘야 되기 때문에 $10x$에다가 100을 곱하면, $1000x$는 2016.1616…… 그래서 빼주면 1616……이 반복되니까 이거 없어지고, $990x = 1996$ 이렇게 나와서 990으로 나눠 주면 $x = \dfrac{1996}{990}$. 약분하면, $\dfrac{998}{495}$.

교사 : 질문 있는 사람?

학생들 : 없어요.

교사 : 없어요? (학생 F에게) 잘했어.

(중간 생략)

교사 : 자, 여기서 $x = \cdots\cdots$ 하지 않고 $10x = \cdots\cdots$ 이렇게 한 이유는?

학생들 : (대답하지 않는다)

교사 : 왜 $10x$로 했지?

학생들 : 순환마디가 아니기 때문에.

교사 : 뒤에 순환되는 부분, 소수 부분을 일치시켜서 빼려고 했는데, 그러려면 순환

되는 부분을 맞춰 줘야 한다고 했지? 그래서 순환되지 않는 0을 우선 앞으

로 빼기 위해서, 한 자리 앞으로 빼기 위해서 열 배를 해준 거였지, 우선은.


순환소수의 도입 배경을 생각해 보자. 현행 교과서에서 유리수는 "$a$, $b$가 정수이고 $b \neq 0$일 때 분수 $\dfrac{a}{b}$로 나타낼 수 있는 수"로 정의된다. 반면, 무리수는 "분수로 나타낼 수 없는 수"라고 정의되는데, 그것이 존재하는지 곧바로 학생들에게 보여 주기는 어렵기 때문에 유리수와 무리수의 사이에 무한소수의 개념이 도입된다. 수학 8-가 단계에서는 유리수를 유한소수 및 순환소수로 생각할 수 있음을 다루는데, 이를 위하여 다음의 명제를 차례로 정당화한다.


(1) 유리수를 소수로 나타내면 유한소수 또는 무한소수의 형태다.

(2) 유한소수로 나타낼 수 없는 모든 유리수는 항상 순환소수로 나타낼 수 있다.

(3) 역으로, 유한소수 또는 순환소수는 항상 분수로 나타낼 수 있다.

김남희 등은 『수학 교육과정과 교재 연구』에서 어떤 수가 유리수라는 것과 그 수를 유한소수 또는 순환소수로 나타낼 수 있는 것이 동치임이 밝혀지면, 무리수, 즉 '유리수가 아닌 수'의 존재성은 '순환소수로 나타낼 수 없는 무한소수'가 존재한다는 것을 보임으로써 말할 수 있게 된다고 설명하였다. 따라서 이 단원의 학습 지도상 유의점은 유한소수를 순환소수로 나타내는 것과 순환소수를 분수로 고칠 때 공식화를 강조하지 않는 것이다.

그러나 앞의 4번과 같은 문제는 교과서에서 흔히 볼 수 있으며, 심지어 학습 보조 자료나 참고서 등에서는 다음과 같은 문제도 볼 수 있다.

다음은 교사가 학생에게 나누어 준 활동지의 문제다.

2.0161616……을 분수로 고칠 때 가장 간단한 식은?

| 교과서에 제시된 풀이 | 다른 풀이 |
|---|---|
| $x = 2.0161616\cdots$이라 하면<br>$1000x = 2016.1616\cdots$<br>$10x = 20.161616\cdots$<br>$1000x - 10x = 1996$<br>$990x = 1996$<br><br>따라서 $x = \dfrac{1996}{990}$ | $x = 2.0161616\cdots$이라 하면<br>$100x = 201.61616\cdots$<br>$x = 2.0161616\cdots$<br>$100x - x = 199.6$<br>$99x = 199.6$<br>양변에 10을 곱하면,<br>$990x = 1996$<br><br>따라서 $x = \dfrac{1996}{990}$ |

이 문제의 답은 $1000x - 10x$다. 하지만 순환소수를 분수로 표현하는 경우 소수점 아래에 순환마디가 아닌 숫자가 있느냐 없느냐를 구분하지 않고 양변에 적당히 10의 거듭제곱을 곱하여 고치는 방법도 있다. 따라서 가장 간단한 방법으로 정답을 $1000x - 10x$라고 하는 것은 의미가 없다.

순환소수를 분수로 고치는 문제는 단원의 도입 배경에서 인지하듯이 순환소수가 유리수임을 알고 그것을 통해 무리수를 도입하기 위해 다루는 것이다. 이러한 측면에서 볼 때 순환소수를 분수로 표현하는 방법에 관한 문제는 순환소수의 도입 취지에서 벗어나므로 그 계산 과정을 굳이 강조할 필요는 없다고 본다.

## 참고문헌

고지마 히로유키(2008). 수학으로 생각한다[Sansu no hasso]. (박지현 역). 서울: 동아 시아. (원전은 2006에 출판)

권새봄, 김대훈, 김성은, 김찬울, 이정, 이재경, 정동녘(2012). 학교 바꾸기 그 후 12년. 서 울: 맘에드림.

권지현, 김구연(2013). 중학교 수학 교과서에 제시된 기하영역의 수학과제 분석. 한국수 학교육학회지 〈수학교육〉, 52(1), 111-128.

김구연(2013). 수학 교과서가 학생들에게 제공하는 수학 학습기회. 2013 대한민국 수학 교육관련 학회 연합 학술대회 프로시딩, 257 - 257.

김남희, 나귀수, 박경미, 이경화, 정영옥, 홍진곤(2007). 수학교육과정과 교재연구. 서울: 경문사.

김동원(2008). 기하탐구교실에서 나타난 증명 학습의 변화에 관한 연구. 박사학위논문. 서울대학교.

김미경(2013). 중학교 국어 수업 어떻게 할 것인가? 서울: 살림터.

김미희, 김구연(2013). 고등학교 교과서의 수학과제 분석. 대한수학교육학회지 〈학교수 학〉, 15(1), 37-59.

김병찬(2003). 중학교 교사들의 교직문화에 대한 질적 사례연구. 교육행정학연구, 21(1), 1-27. 서울: 한국교육행정학회.

김성천(2007). 교사자율연구모임을 통한 교사 전문성 성장 과정: 협동학습연구회에 관한 문화기술적 연구. 박사학위논문. 성균관대학교.

김성천, 신철균(2011). 인문계 고등학생의 선행학습 효과 분석 연구. 열린교육연구, 19(4), 87-108.

김성천, 양정호(2007). 교사자율연구모임을 통해 본 교직문화의 새로운 가능성: 구성배경과 참여동기를 중심으로. 한국교육, 34(3), 51-74.

김태현(2012). 교사, 수업에서 나를 만나다. 서울: 좋은교사.

남경운, 서동석, 이경은(2014). 아이들이 몰입하는 수업 디자인. 서울: 맘에드림.

민영은(2008). 수학에 대한 부정적 신념을 지닌 학생 지도의 사례 연구. 석사학위논문. 서울대학교.

박성숙(무더킨더)(2010). 꼴찌도 행복한 교실. 서울: (주)북이십일 21세기북스.

박정숙(2009). 학생의 비례추론의 분석 모형과 특성 분석. 박사학위논문. 서울대학교.

박현숙(2012). 교사는 수업으로 성장한다. 서울: 맘에드림.

방정숙(2003). 수학 교사 학습과 전문성 신장에 관한 소고. 수학교육학연구, 13(2), 143-157. 서울: 대한수학교육학회.

사교육걱정없는세상(2015). 6개국 수학 교육과정 국제비교 컨퍼런스 자료집.

사교육걱정없는세상(2010). 아깝다 학원비! 서울: 비아북.

사토마나부(2009a). 배움으로부터 도주하는 아이들. (손우정, 김미란 공역). 서울: 북코리아. (원전은 2000에 출판)

사토마나부(2009b). 교육개혁을 디자인한다. (손우정 역). 서울: 학이시습.

사토마나부(2006). 수업이 바뀌면 학교가 바뀐다. (손우정 역). 서울: 에듀케어. (원전은 2000에 출판)

서경혜(2005). 반성과 실천: 교사의 전문성 개발에 대한 소고. 교육과정연구, 23(2), 285-310.

서근원(2012a). 학교혁신의 길: 교육인류학의 관점에서. 서울: 강현출판사.

서근원(2012b). 학교 혁신의 패러독스: 教民(교민)에서 誨人(회인)으로. 서울: 강현출판사.

지금 가르치는 게 수학 맞습니까?

서근원(2009). 수업에서의 소외와 실존: 교육인류학의 수업 이해. 서울: 교육과학사.

서근원(2007). 수업을 왜 하지? 서울: 우리교육.

서근원(2004). 산들초등학교의 교육공동체 형성에 관한 교육인류학적 연구. 박사학위논문. 서울대학교.

서덕희(2008). 홈스쿨링을 만나다. 서울: 민음사.

서동미, 염지숙(2006). 유치원 삶 속에서 유아들이 겪는 수학경험에 대한 질적 연구. 열린유아교육연구, 11(1). 237-266.

서동석, 남경운, 박미경, 서은지, 이경은(2016). 교사들이 함께 성장하는 수업 : 동료 교사의 눈으로 수업을 새로 보다. 서울: 맘에드림.

성종규(2012). 과학교사, 교과서를 버리다. 경기: 이담북스.

소경희(2003). '교사 전문성'의 재개념화 방향 탐색을 위한 기초연구. 교육과정연구, 21(4), 77-96.

손우정(2012). 배움의 공동체. 서울: 해냄출판사.

안슬기(2012). 차라리 수학공부 하지 마라. 서울: 샘앤파커스.

오영열(2006). 수업개선 관행공동체를 통한 교사의 변화 탐색: 수학 수업관행을 중심으로. 수학교육연구, 16(3), 251-272. 서울: 대한수학교육학회.

오영열(2003). 초등교사의 수학과 수업 개선 의지의 이해와 예측. 수학교육학연구 13(3), 267-286. 서울: 대한수학교육학회.

오욱환(2006). 교사 전문성: 교육전문가로서의 교사에 대한 논의. 서울: 교육과학사.

우정호(2011). 수학 학습 지도 원리와 방법[수정판 2판]. 서울: 서울대학교출판문화원.

우정호(2007). 학교 수학의 기초[증보판 2판]. 서울: 서울대학교출판부.

이경화(1996). 교수학적 변환론의 이해. 논문집, 6(1). 서울: 대한수학교육학회.

이선숙(2005). 교과별 교사모임을 통한 교사의 전문성 개발에 관한 연구. 석사학위논문.

서울대학교.

이승배(2008). 초등교사의 체육교육 실천공동체 형성과 교수 전문성 개발에 관한 해석적 연구. 박사학위논문. 서울대학교.

이인효(1990). 인문계 고등학교 교직문화 연구. 박사학위논문. 서울대학교.

이지현(2003). 유아수학교육에 대한 유아교사의 신념. 유아교육연구, 23(4). 207-226.

이토 우지다카(2012). 천천히 깊게 읽는 즐거움. (이수경 역). 서울: 21세기북스. (원전은 2010에 출판)

이혁규(2013). 수업: 누구나 경험하지만 누구도 잘 모르는. 서울: 교육공동체벗.

이혁규(2008). 수업, 비평의 눈으로 읽다. 서울: 우리교육.

이혁규(2005). 교과 교육 현상의 질적 연구: 사회교과를 중심으로. 서울: 학지사.

이혁규(1996). 중학교 사회과 교실 수업에 대한 일상생활기술적 사례 연구. 박사학위논문. 서울대학교.

이혁규, 이경화, 이선경, 정재찬, 강성우, 류태호, 안금희, 이경언(2007). 수업, 비평을 만나다. 서울: 우리교육.

이혜정(2014). 서울대에서는 누가 A+를 받는가: 서울대생 1100명을 심층조사한 교육 탐사 프로젝트. 서울: 다산에듀.

전경아(2009). '기하탐구교실'에서 나타난 교사 질문의 교육적 함의. 석사학위논문. 서울대학교.

정광필, 이우학교 교사, 학부모들(2008). 이우학교 이야기. 서울: 웅진싱크빅.

조영달(2001). 한국 중등학교 교실수업의 이해. 서울: 교육과학사.

조용환(1999). 질적연구: 방법과 사례. 서울: 교육과학사.

주영미(2008). 사회과 교사의 교과 연구 활동에 관한 사례 연구: 전국사회교사모임을 중심으로. 석사학위논문. 서울대학교.

천호성(2008). 수업 분석의 방법과 실제. 서울: 학지사.

최수일(2016). 개념연결 중학수학사전. 서울: 비아북.

최수일(2015). 개념연결 초등수학사전. 서울: 비아북.

최수일(2014a). 하루 30분 수학. 서울: 비아북.

최수일(2014b). 수학이 살아있다. 서울: 비아북.

최수일(2013). 착한 수학. 서울: 비아북.

최수일(2009). 수업분석 학습공동체 활동을 통한 수학교사의 전문성 제고에 관한 연구. 박사학위논문. 서울대학교.

최수일, 이정주, 양영기, 임홍덕, 안상진(2016). 수포자 신분세탁 프로젝트. 서울: 시사IN 북.

하시모토 다케시(2012). 슬로리딩. (장민주 역). 서울: 조선에듀케이션. (원전은 2012에 출판)

한송희, 백성혜(2005). 과학교사 모임의 형성과정, 활동 목적, 연계 형태의 특징에 관한 연구. 한국과학교육학회지, 25(7), 801-810.

홍창준, 김구연(2012). 중학교 함수 단원의 수학 과제 분석. 대한수학교육학회지 〈학교수학〉, 14(20), 213-232.

황혜정 외 17인(2011). 2009 개정 교육과정에 따른 수학과 교육과정 연구. 한국과학창의 재단 정책연구 2011-11.

후쿠다 세이지(2009). 핀란드 교실혁명. (박재원, 윤지은 역). 서울: 비아북. (원전은 2007에 출판)

Ashlock, R. B.(2013). 예비교사와 현직교사를 위한 초등수학 교수법-수학 오개념과 오류 바로잡기[Error patterns in computations: using error patterns to help each student learn, 10th]. (남승인, 류성림, 권오용, 남현준, 류윤재, 이목형, 이장호 역).

서울: 경문사. (원전은 2010에 출판)

Bergmann, J., & Sams, A.(2015). 거꾸로교실: 진짜 배움으로 가는 길[Flipped learning: gateway to student engagement]. (정찬필, 임성희 역). 서울: 에듀니티. (원전은 2014에 출판)

Borich, G. D.(2005). 효과적인 수업관찰(4판)[Observation skills for effective teaching]. (설양환, 김윤옥, 김지숙, 박태호, 우상도, 이범웅, 함희주 역). 서울: 아카데미프레스. (원전은 2003에 출판)

Carpenter, T. P., Franke, M. L., & Levi, L.(2010). 수학적 사고하기: 초등수학에서 산술과 대수의 통합. (김민경, 노선숙 역). 서울: 교육과학사.

Carr. N.(2011). 생각하지 않는 사람들. (최지향 역). 서울: 청림출판. (원전은 2010에 출판)

Esquith, R.(2008). 에스퀴스 선생님의 위대한 수업[Teach like hair's on fire]. (박인균 역). 서울: 추수밭. (원전은 2007에 출판)

Fawcett, H. P.(2006). 증명의 본질[The nature of proof]. (장경윤, 유현아, 한세호 역). 서울: 경문사. (원전은 1938에 출판)

Fernandez, C., & Yoshida, M.(2004). Lesson study: A Japanese approach to improving mathematics teaching and learning. New Jersey: Lawrence Erlbaum Associates, Inc., Publishers.

Finkel, D.(2010). 침묵으로 가르치기[Teaching with your mouth shut]. (문희경 역). 서울: 다산북스. (원전은 2000에 출판)

Gatto, J. T.(2005). 바보 만들기[Dumbing us down: The hidden curriculum of compulsory schooling]. (김기협 역). 서울: 민들레. (원전은 1992에 출판)

Hanna, G.(1996). Proof and Proving. In Alan J. Bishop (Eds.), International

지금 가르치는 게 수학 맞습니까?

Handbook of Mathematics Education. Dordrecht, Kluwer Academic Publishers, 877-908.

Hiebert, J., Carpenter, T. P., Fennema, E., Fuson, K. C., Weame, D., Murray, H., Oliver, A., & Human, P.(2004). 어떻게 이해하지?(수학교실 연구시리즈 1)[Making Sense: teaching and learning mathematics with understanding]. (김수환, 박영희, 이경화, 한대희 역). 서울: 경문사. (원전은 1997에 출판)

Holt, J. C.(2007a). 아이들은 어떻게 배우는가[How children learn]. (공양희, 해성 역). 서울: 아침이슬. (원전은 1983에 출판)

Holt, J. C.(2007b). 아이들은 왜 실패하는가[How children fail]. (공양희 역). 서울: 아침이슬. (원전은 1982에 출판)

Isoda, M., Stephens, M., Ohara, Y., & Miyakawa, T. (eds.)(2007). Japanese Lesson Study in Mathematics: Its Impact, Diversity and Potential for Educational Improvement. World Scientific Publishing Co.

Khan, S. (2013). 나는 공짜로 공부한다[The one world schoolhouse]. (김희경, 김현경 역). 서울: 알에이치코리아. (원전은 2012에 출판)

Lortie, D.(1993). 교직사회: 교직과 교사의 삶[School-Teacher: A Sociological Study]. (진동섭 역). 서울: 양서원. (원전은 1975에 출판)

Margaret, S. S., Mary, K. S.(2013). 효과적인 수학적 논의를 위해 교사가 알아야 할 5가지 관행[5 practice for orchestrating productive mathematics discussions]. (방정숙 역). 서울: 경문사. (원전은 2011에 출판)

Meier, D.(2002). The power of their ideas: Lessons for America from a small school in Harlem. Boston: Beacon Press.

Meyer, H.(2011). 좋은 수업이란 무엇인가?[Was ist guter Unterricht?] (손승남, 정창호

역). 서울: 삼우반. (원전은 2004에 출판)

NCTM.(2007). 학교수학을 위한 원리와 규준[Principles and standards for school mathematics]. (류희찬, 조완영, 이경화, 나귀수, 김남균, 방정숙 역). 서울: 경문사. (원전은 2000에 출판)

Palmer, P. J.(2000). 가르칠 수 있는 용기[The courage to teach]. (이종인 역). 서울: (주)한문화멀티미디어. (원전은 1998에 출판)

Rancière, J.(2008). 무지한 스승[Le maître ignorant]. (양창렬 역). 서울: 궁리. (원전은 1987에 출판)

Root-Bernstein, R., & Root-Bernstein, M.(2007). 생각의 탄생[Spark of genius]. (박종성 역). 서울: 에코의서재. (원전은 1999에 출판)

Siety, A.(2005). 수학, 내 친애하는 공포여[Mathématiques, ma chère terreur]. (전재연 역). 서울: 궁리. (원전은 2001에 출판)

Skemp. R. R.(2001). 수학학습심리학[The psychology of learning mathematics]. (황우형 역). 서울: 사이언스북스. (원전은 1971에 출판)

Stigler, J. W., & J. Hiebert(1999). The teaching gap: Best ideas from the world's teachers for improving education in the classroom. New York: The Free Press.

Sünkel, W.(2005). 수업현상학[Phaenomenologie des unterrichts: Grundriss der theoretischen Didaktik]. (권민철 역). 서울: 학지사.

Whitaker, T.(2009). 훌륭한 교사는 무엇이 다른가?[What great teachers do differently] (송형호 역). 서울: 지식의 날개. (원전은 2004에 출판)

Willingham, D. T.(2011). 왜 학생들은 학교를 좋아하지 않을까?[Why don't students like school?] (문희경 역). 서울: 부키. (원전은 2009에 출판)

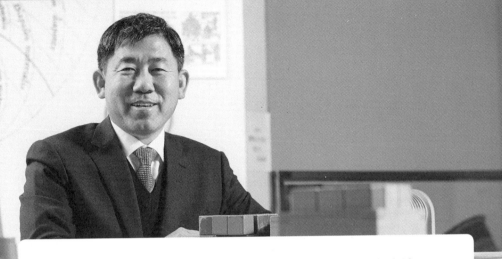

교사들의 멘토, 수학교육 전문가 최수일 박사의

# 수업론을 원격연수로도 만나실 수 있습니다!
(직무연수 2학점)

◆ 수업 내용

수학,
무엇으로
어떻게
가르칠 것인가?

교사를 위한
소통과 배움의
수학교실
만들기!

수포자!
어떻게 자기주도적
발견자로
이끌 것인가?

◆ 강좌수강법

www
인터넷

→

회원 가입

→

직무연수

www.tschool.net
사이트접속

회원 가입시
본인 명의 휴대폰 또는
아이핀 본인 인증

직무연수 메뉴에서
"최수일 박사님의 수포자
없는 소통과 배움의 수학
교실" 선택

· 자세한 내용은 비상교육의 원격교육연수원
티스쿨(1544~9044 / tschool@tschool.net) 로 문의하시기 바랍니다.

비상
VISANG
교육부인가 02-9호
티스쿨원격교육연수원

# 지금 가르치는 게 수학 맞습니까?

지은이 | 최수일

초판 1쇄 발행일 2017년 3월 6일
초판 3쇄 발행일 2019년 6월 24일

발행인 | 한상준
편집 | 김민정 · 윤정기
마케팅 | 강점원
표지 디자인 | 조경규
본문 디자인 | 김성인
종이 | 화인페이퍼
제작 | 제이오

발행처 | 비아북(ViaBook Publisher)
출판등록 | 제313-2007-218호(2007년 11월 2일)
주소 | 서울시 마포구 월드컵북로6길 97 2층(연남동)
전화 | 02-334-6123 전자우편 | crm@viabook.kr
홈페이지 | viabook.kr

ⓒ 최수일, 2017
ISBN 979-11-86712-34-4 03370